1+X职业技能等级证书（呼叫中心客户服务与管理）配套教材

呼叫中心客户服务与管理
（高级技能）

组　编　北京华唐中科科技集团有限公司
主　编　刘丽彬　闫明烨
副主编　孟广友　黄忠电　高　洁　王　为　程　云　饶国华　郝建礼
参　编　李　洁　谢平芳　陆凤晓　孙晓宇　唐　伟　蓝俏媛　陈　斌
　　　　王　芳　邓琳佳　张亚雄　鹿婷婷　韩　英　王月琴　劝文颖
　　　　金　敏　刘志连　罗刚毅　赵海丹　刘　超　高阳锟

机械工业出版社

本书是1+X职业技能等级证书（呼叫中心客户服务与管理）配套教材，依据《1+X呼叫中心客户服务与管理职业技能等级证书标准》编写。本书以能力为本位，以工作任务和1+X职业技能等级标准要求为基础，同时配套开发《呼叫中心客户服务与管理（基础知识）》《呼叫中心客户服务与管理（初级技能）》《呼叫中心客户服务与管理（中级技能）》等教材。

本书共有3个项目，分别为呼叫中心运营与管理、呼叫中心团队管理、呼叫中心话务预测与排班管理。

本书适用于1+X职业技能等级证书（呼叫中心客户服务与管理）培训的学员及培训教师使用，也可作为职业本科、各类职业院校客户信息服务、电信服务与管理、电子商务、市场营销等相关专业配套教材，还可作为呼叫中心从业人员的培训用书。

本书配有电子课件等教学资源，选用本书作为授课教材的教师可以登录机械工业出版社教育服务网（www.cmpedu.com）注册后免费下载，或联系编辑（010-88379807）咨询。

图书在版编目（CIP）数据

呼叫中心客户服务与管理：高级技能 / 北京华唐中科科技集团有限公司组编；刘丽彬，闫明烨主编．— 北京：机械工业出版社，2022.1

1+X职业技能等级证书（呼叫中心客户服务与管理）配套教材

ISBN 978-7-111-69697-1

Ⅰ.①呼… Ⅱ.①北… ②刘… ③闫… Ⅲ.①呼叫中心-商业服务-职业技能-鉴定-教材 Ⅳ.①F626.3

中国版本图书馆CIP数据核字（2021）第244733号

机械工业出版社（北京市百万庄大街22号　邮政编码100037）
策划编辑：李绍坤　　　　责任编辑：李绍坤　张星瑶
责任校对：张亚楠　李　婷　封面设计：鞠　杨
责任印制：单爱军
北京虎彩文化传播有限公司印刷
2022年1月第1版第1次印刷
184mm×260mm・12印张・268千字
0001—1900册
标准书号：ISBN 978-7-111-69697-1
定价：39.00元

电话服务　　　　　　　网络服务
客服电话：010-88361066　机　工　官　网：www.cmpbook.com
　　　　　010-88379833　机　工　官　博：weibo.com/cmp1952
　　　　　010-68326294　金　　书　　网：www.golden-book.com
封底无防伪标均为盗版　机工教育服务网：www.cmpedu.com

伴随着经济发展应运而生的呼叫中心产业在短短二十多年间从无到有在我国得到蓬勃发展，在通信、金融、电商、物流等行业中已经被成功应用，它的业务范围不断拓展、服务内容持续延伸，建立了企业与客户之间顺畅沟通的桥梁。伴随着我国通信进入5G时代和电子商务井喷式发展，我国的呼叫中心产业还有很大的成长空间。

2019年2月，国务院印发的《国家职业教育改革实施方案》（俗称"职教20条"）中提出，从2019年开始，在职业院校、应用型本科高校启动"学历证书+若干职业技能等级证书"制度试点（简称"1+X证书制度试点"）工作。1+X证书制度将学校学历教育和社会用人需求及学历证书与职业技能等级证书有效地结合了起来，使职业技能人才成长之路更加多元。《呼叫中心客户服务与管理职业技能等级证书》是1+X证书制度的第三批试点项目。

在此背景下，本书按照1+X证书制度的要求，按照职业教育课程教学的工作过程导向的设计思路，以"项目–任务"的方式对呼叫中心岗位及工作进行了分解，尽可能还原工作任务场景，并插入必备知识，以达到掌握技能的学习目的。

本书适用于1+X呼叫中心客户服务与管理职业技能等级证书（高级）培训，同样适用于职业院校相关专业"课证融通"相关课程的教学，也可作为呼叫中心的员工培训教材。

通过本书的学习，读者可以掌握呼叫中心客户服务与管理高级技能，能够根据业务的需要完成呼叫中心各种管理制度的制定、呼叫中心话务量预测及排班、呼叫中心人力资源管理等相关工作，能够胜任呼叫中心项目经理、呼叫中心高级运营主管等岗位。

教学建议如下：

项目	理论学时	实操学时
呼叫中心运营与管理	16	12
呼叫中心团队管理	10	8
呼叫中心话务预测与排班管理	20	22

全书共3个项目，其中，项目1由洛阳科技职业学院刘丽彬、山西电力职业技术学院闫明烨、辽源现代职业教育集团孟广友、广西国际商务职业技术学院黄忠电、北京华唐中科科技集团有限公司李洁、鞍山师范学院赵海丹、罗刚毅、安徽商贸职业技术学院刘超、宿州应用技术学校刘志连、山西徐特立高级职业中学张亚雄、晋中职业技术学院韩英编写；

项目 2 由广西工商职业技术学院高洁、北京华唐中科科技集团有限公司劾文颖、晋中市太谷区职业中学校郝建礼、辽阳职业技术学院王为、广西工商职业技术学院孙晓宇、唐伟、鞍山师范学院赵海丹、北京华唐中晟科技发展有限公司高阳锟、广西机电职业技术学院谢平芳编写；项目 3 由北京华唐中科科技集团有限公司金敏、辽宁经济职业技术学院程云、王芳、抚州职业技术学院饶国华、广西国际商务职业技术学院陆凤晓、鞍山师范学院赵海丹、广西工商职业技术学院蓝俏媛、辽阳职业技术学院陈斌、山西机电职业技术学院邓琳佳、王月琴、山西电力职业技术学院鹿婷婷编写。

由于编者水平有限，教材中出现的不足之处还请各位读者在使用过程中给予指正。

编　者

前 言

项目1 呼叫中心运营与管理 ... 1
任务1 呼叫中心成本与效益分析 ... 12
任务2 呼叫中心薪酬与绩效管理 ... 33
任务3 呼叫中心流程管理 ... 54
任务4 呼叫中心汇报管理 ... 73

项目2 呼叫中心团队管理 ... 87
任务1 呼叫中心人才培养与发展 ... 88
任务2 呼叫中心岗位晋升管理 ... 103
任务3 呼叫中心团队绩效管理 ... 111

项目3 呼叫中心话务预测与排班管理 ... 119
任务1 呼叫中心数据提取与整理 ... 120
任务2 呼叫中心数据分析 ... 130
任务3 呼叫中心话务量预测 ... 148
任务4 呼叫中心排班管理 ... 161
任务5 呼叫中心数据运用与跟踪 ... 179

参考文献 ... 185

Project 1

项目 1
呼叫中心运营与管理

项目描述

花花经过在呼叫中心行业中多年的摸爬滚打，积累了很多运营管理经验，终于被集团总部晋升为新成立的外包型呼叫中心分公司的运营经理，花花终于得偿所愿。花花认为呼叫中心的运营管理者在外包型呼叫中心企业能得到更多的锻炼，学习到更多的管理知识，积累更多的经验。毕竟外包型呼叫中心企业的角色是为第三方企业（也就是常说的甲方）提供业务代运营工作，这种工作模式时时刻刻在甲方的监督中，既要代表甲方维护好与甲方客户的关系，树立甲方在行业中的品牌形象，又要按照甲方的要求达到KPI要求。同时，外包型呼叫中心既要承接呼出型呼叫中心业务，又要承接呼入型呼叫中心业务。因此对呼叫中心运营经理的综合业务管理能力要求非常高。

就在刚刚，公司商务部的负责人提供了分公司成立以来的第一个业务合同（见《外包业务合作协议》）。花花明白，紧张忙碌的工作就要开始了。这是分公司成立以来的第一单，一定要建立好严谨的运营管理体系。

外包业务合作协议

北京天天出行科技有限公司

服务流程外包合作协议

甲方：北京天天出行科技有限公司

地址：北京市海淀区

法定代表人：李四

乙方：华唐锦程服务外包发展有限公司

地址：北京市海淀区

法定代表人：张三

签订日期：2021 年 10 月 10 日

甲方同意将甲方的全部或部分确认新单业务外包至乙方，乙方同意接受甲方的委托，双方经过友好协商，根据《中华人民共和国民法典》有关规定，甲乙双方就外包合作事宜达成一致，并签订本合同。

1 双方保证及声明

1.1 为中华人民共和国合法设立并有效存续的经营实体。

1.2 有资格从事本协议项下之服务，而该等服务符合其经营范围之规定。

1.3 其并非清算、解散或破产程序之主体。

1.4 可全权订立本协议，并履行其于本协议项下之义务。

1.5 其授权代表拥有充分授权代表其签署本协议。

1.6 协议一经签署，即对双方构成合法有效，具有约束力的协议。

1.7 本协议的签署与履行及根据本协议所计划之商业行为在任何方面均不违反中华人民共和国法律。

2 服务内容

甲方将本合同指定的客户服务业务外包给乙方，乙方利用其自身外包联络中心为甲方提供下述服务：

2.1 为保证外包业务正常开展，乙方在外包办公场所内提供供电、照明、饮水、门禁、中央空调、电梯、双回路电力保障等基础设备设施。

2.2 乙方按甲方要求提供符合要求的外包办公场所，并使用乙方提供的其他配套设施和服务进行包括但不限于以下服务业务：

2.2.1 天天出行客服业务，7×8h 呼入业务。

2.2.2 经双方同意的其他电话呼入、电话呼出业务，如热线客服、电销外呼等。

2.3 乙方除负责提供充足的热线客服以达成甲方业务要求，同时按甲方要求配备必要的项目组长、项目质检员、项目主管、项目经理、培训师以及其他支持人员（上述人员与热线客服统称为"乙方人员"）对业务现场运行质量进行管理及监督，以保证业务开展质量。

2.4 乙方除负责提供实施甲方客服的场地及设施外，乙方作为劳动关系的一方须负责乙方人员人事管理和行政综合事务工作。

2.5　甲方负责制定外包业务开展中相关的业务规章、流程和政策，乙方人员在业务开展中应予以知悉并遵守。作为培训和运营的一部分，甲方向乙方提供信息帮助乙方了解甲方外包业务的资源。

2.6　乙方向甲方提供本协议项下的客服业务外包服务，并承担本协议项下应由承包方承担的义务和责任。未经甲方书面同意，乙方不得将上述外包业务进行转包或委托其他人进行代理。

3　资源提供

甲乙双方提供以下设备，以完成双方约定的外包服务。

3.1　甲方提供业务平台及满足双方服务要求的不同权限的用户账号。甲方将提供话务平台、数据平台和其他必要的运营系统平台连接。乙方须提供一切及时协助，让甲方顺利完成前述条款内涉及的有关场地、机房、设备等的配置和调试。

3.2　乙方提供完成本合同约定服务所需的一切办公资源及设备，包括但不限于：

3.2.1　按照甲方指定任务量的需求，安排专门针对合作事项，安排足够的坐席（首批达到160席，总坐席数量视后续业务需要而定），为其每个坐席提供一台计算机及其他必要设施，并提供以上办公设备的维护及监控。

3.2.2　机房网络设备、空调、UPS、监控等设备、设施由乙方进行购置、安装及维护。网络数据机房及本合作专用独立的网络，便于甲乙运营期间双方网络的互通。

3.2.3　打印机、传真机各一台，并提供硒鼓、A4纸等办公相关耗材。

3.2.4　为甲方提供一部专属电话，供甲方驻乙方工作人员与甲方沟通及汇报工作使用。

3.2.5　负责工作人员所需要的外呼电话线路及录音存储，录音按月为周期打包下载并交付甲方。

4　外包业务管理

4.1　乙方有义务确保热线客服拥有足够的资质和技能，普通话标准。

4.2　乙方承诺乙方提供的全部人员均合法受雇于乙方，且乙方已经根据《中华人民共和国劳动法》《中华人民共和国劳动合同法》等相关法律法规的规定与上述全体人员签订了劳动合同；双方认可并同意，甲方与乙方上述全体人员均不存在任何形式的劳动或劳务关系。

4.3　乙方人员上岗及在岗培训由乙方负责。甲方仅提供乙方前两批热线客服与产品相关的基础培训（包含合规要求、产品和流程）。所有涉及甲方外包业务的培训乙方人员都需要参加，以后由乙方自行实施培训。乙方需要提供相关场地和设施以支持培训需求。

4.4　甲方有权对乙方人员进行考核，考核合格的人员方可上岗；乙方员工未通过考核的，乙方应另行向甲方提供相应数量的工作人员。但双方确认，该类考核不表明甲方和乙方员工之间形成雇佣劳动法律关系。

4.5　因考核不合格、缺勤、流失等情况发生时，乙方应及时补充甲方所需服务人员，甲方给予培训支援。

4.6　乙方人员需依照甲方现场管理的相关要求完成相关工作，包括但不限于以下内容：

4.6.1　根据业务范围负责热线客服业务。

4.6.2　依照规定指标按时完成业务考核指标。

4.6.3　为客户提供快速、准确、专业的服务。

4.6.4　及时跟踪及处理客户反馈，维护客户关系。

4.6.5　处理现场突发事件和投诉。

4.6.6　完成本协议业务外包范围内由甲方交办的其他工作。

4.7　乙方服务时间、内容可根据甲乙双方实际情况经协商一致后进行调整。

4.8　乙方负责处理发生在运营现场的客诉。如乙方无法满足客户需求，安抚无效时，需按照甲方规定流程，将客诉升级至甲方处理。

4.9　乙方承诺，在协议期间及协议终止或解除后乙方不得在未得到甲方授权的情况下以甲方的名义开展其他活动。

5　服务标准

5.1　乙方的服务质量需符合甲乙双方确认服务规范（详见附件1）。

5.2　外包实施过程中，乙方服务的全过程接受甲方的监督和检查。如乙方的服务未达到甲方的服务标准的，乙方应在收到甲方通知后1个工作日内提出解决方案，并在经甲方同意后立即着手实施，且甲方有权按照附件1规定的标准扣减乙方服务费。

6　合作期限

6.1　本协议自2021年10月10日起生效，至2023年10月9日终止，有效期为2年。

6.2　本协议到期前30日，如双方有续约意向，双方应另行签订书面续约协议。如本合约到期前，双方未另行签订续约协议，也未提出终止意向的，则本协议期满后双方自动续展3个月，续展一次。

6.3　如甲方希望改变乙方在本协议中所约定的服务，须提前30日向乙方提交书面意向。乙方将根据甲方的书面意向，及时提出服务变更方案，并向甲方提供成本（如有）方面的估计，以作为双方就相关改变另行协商之基础。

6.4　如果甲方对现有服务正式提出实质性和重大的变更，则双方将重新商定定价和计费。实质性和重大变更包括但不限于甲方要求乙方开展除现有业务之外的其他业务。针对需要重新谈判确定的定价和计费，双方将做出善意努力，及时完成谈判并签署补充协议。达成一致前，计费按原定价和计费方式进行。一旦双方签署补充协议双方的定价和计费方式将追溯至双方同意的变更日期。

7　甲方的权利和义务

7.1　在整个项目的实施过程中，积极配合乙方工作，提供必要的培训及技术支持。

7.2　与乙方共同对人员培训、话务现场、系统集成、运行等阶段实施结果进行审核检查，并提出建议和改进方案；乙方保证对甲方的服务监督积极配合。

7.3　提供明确的服务规范，并在项目实施过程中根据实际需要进行完善。

7.4　甲方需在每自然月5日前提出当月起第3个月的外包人力粗略需求，并于次月10日前对前述第3个月的外包人数进行再次确认，每月25日前提供次月班表，便于乙方安排。

7.5　甲方有权派工作人员驻乙方现场督导。乙方应配合甲方工作人员的工作。

7.6　甲方有义务提供足够数量的账户信息以及团队人员层次匹配权限的工号供乙方工作人员登录甲方订单页面。

7.7　甲方负责业务平台的日常维护，保证业务服务平台运行正常。

7.8　严格按乙方规定的信息传递要求反馈各项报表，包括但不限于：排班表、人均业绩量表等，对于签署协议后乙方另行要求甲方提供的新报表类型，可双方沟通确认报表内容及提交时间后进行提报。

7.9　由于甲方原因造成的服务中断，对于服务中断时间不计入乙方的业务考核，因此造成的投诉，乙方不承担相应责任。

7.10　甲方在系统升级或服务内容变更时对乙方服务人员进行培训，培训完成后方纳入考核；如因甲方培训不当导致的错误，不计入乙方业绩考核，不影响相应费用结算。

7.11　因甲方系统（业务平台）问题导致乙方无法及时、主动规避的错误，由乙方及时提供证明资料，由此产生的乙方失误免责。

7.12　甲方应及时将与乙方相关的投诉告知乙方，双方进行处理并确认，确为乙方原因（包括人为故意或工作失误/疏漏）而产生的投诉，甲方因此而遭受的全部损失由乙方赔付；如遇节假日等特殊情况甲方无法及时发送报告时，应告知乙方，双方另行约定发送时间。因此造成的甲方损失，甲方有权直接从双方结算款中予以扣除。

7.13　甲方应每周定时将上一周的质控报告发给乙方质检人员，双方进行确认；如遇节假日等特殊情况甲方无法及时发送报告时，应告知乙方，双方另行约定发送时间。

7.14　如甲方话路不能满足业务需求的，需提前 15 个工作日与乙方对接使用乙方话路的需求，便于乙方对资源的调配。

7.15　甲方在接到乙方对于质控、投诉的申诉后，需在 3 个工作日内进行回复，如甲方未能如期回复的，应视为甲方认可乙方申诉事项并应当按照乙方的要求进行相应的处理。

7.16　此合同的业务周期是指甲方明确使用乙方外包服务的日期，2021 年 10 月 10 日（以培训期开始为准）至 2023 年 10 月 9 日，甲方根据业务情况，可以适当延长，并提前 7 日通知乙方。

8　乙方的权利和义务

8.1　按本合同的时间要求完成项目进度中的各项工作，乙方保证本合同相关全部事宜由其完成，不得分包转包，否则，甲方有权随时解除本合同，乙方应按照本合同约定承担违约责任。

8.2　乙方应严格按照甲方设置的系统文件访问权限访问甲方系统，及对外进行电话业务。

8.3　提供履行本合同约定的服务所需的所有人员，并保证根据甲方的标准及要求为本项目服务选拔所有业务人员及管理人员；乙方项目工作人员为乙方雇员，由乙方自行招聘，保证其与其雇员之间的法律关系符合国家有关劳动法律法规规定，并根据《中华人民共和国劳动法》《中华人民共和国劳动合同法》等国家有关法律法规支付该项目工作人员的薪金、福利，并为其提供社会保障；由于乙方过错导致甲方被追溯有关法律责任，由此产生的损失赔偿由乙方承担。

8.4　保证严格遵守经乙方认可的甲方规定服务流程和服务质量要求。

8.5　严格按甲方规定的信息传递要求反馈各项报表，包括但不限于：话务报表、排班表等，对于签署协议后甲方另行要求乙方提供的新报表类型，可双方沟通确认报表内容及提交时间后进行提报。

8.6　乙方有义务及责任派项目管理人员与甲方协调配合工作，并负责对乙方项目工作人员的日常工作内容进行管理，并须严格按照双方约定的保密条款执行业务操作；乙方承诺并保证乙方人员严格履行本合同，如乙方人员出现违反服务流程、质量要求或保密义务的行为，则乙方应承担违约责任，并赔偿由于乙方的过错对甲方造成的直接损失。

8.7　乙方负责本业务相关设备及系统的日常维护，保证话路传递服务的正常进行。

8.8　如甲方使用乙方话路，在甲方停止使用后的 1 个月内，乙方应保留该电话号码，此期间内乙方不得自行使用或允许任何第三方使用该号码，否则，如因改号码的使用导致甲方遭受损失的，乙方承担相应责任。

8.9　应甲方要求，乙方免费为甲方驻乙方督导人员提供必要的培训教室、会议室、员工餐厅等设施，以保证甲方督导人员相应事项的正常开展。

8.10 乙方有义务及责任对甲方提供的登录账号、密码，合作过程中知悉的甲方信息（包括但不限于产品信息、消费者信息、经营信息等）进行保密，乙方除为此应制定严格的保密措施外，亦应与业务各层次人员签订相关保密协议。

8.11 乙方在接到甲方的质控报告、投诉报告后，3个工作日内进行回复；乙方认为甲方质控报告、投诉报告不准确的，有权提出证据进行申诉；如乙方超过3个工作日未进行回复的，则视为乙方认同甲方质控报告、投诉报告。

8.12 乙方要按时、按量、保质地完成好甲方下达的任务量。当约定人数完不成规定任务量时，乙方增加人员或采用其他方式保证人员完成。如无法保证提供约定的人员数量累计5天以上，甲方有权立即停止合作或减少外包服务单量。

8.13 乙方应配合甲方工作需求，配备备用电路、备用网络，发电机等备用设备，如遇非甲方原因造成的损失，乙方承担全部责任。

9 故障处理机制

9.1 本合同有效期内，甲乙双方严格执行7天24h到现场技术服务，并提供双方技术24h业务对接人，联络方式以及备选人员（见附件3），确保故障可以在第一时间进行解决。

9.2 甲乙双方应及时将出现的故障及缺陷通知对方，并向对方提供有关工作日志和记录。

9.3 乙方设备、系统等出现故障的，乙方应在24h内解决；如乙方未能在该规定时间内解决，造成未能按照甲方要求的服务标准提供服务的，甲方有权按照相关规定扣除乙方服务费用。

9.4 如因甲方原因造成网络、设备、平台不稳定而导致的系统问题，乙方不承担任何责任，且对网络不稳定期间受到影响的业务量不计入考核，不影响相应费用结算。

10 费用统计和结算

在本协议合作期间内，需由双方费用分担情况如下：

10.1 协议期间，甲方根据服务费基础标准和每月乙方业务考核指标实际完成情况，向乙方支付服务费。具体考核内容及服务费计算标准详见附件1和附件2。

10.2 本协议所约定的服务费计算标准及单价仅适用于本协议所列业务，如甲方根据本协议约定对乙方提供的服务内容做出重要和实质性变更的，则甲乙双方可对新的服务费计算标准予以协商后确定。甲方有权单方制定新的业务考核指标，乙方应予以接受。

10.3 乙方须配合甲方核对当月项目人数、工时等数据，并在每月5日前完成数据核对工作（如遇法定假日则时间顺延2日），如因乙方原因造成数据核对工作延误后果由乙方承担。费用核对完毕后，由乙方根据各项数据出具结算函给甲方确认。甲方收到后应在3个工作日内核对完毕进行确认。如双方无异议，则甲方按照结算函的金额向乙方支付上月服务费用。

10.4 双方合作期间，除以上应付款项外，服务过程中系统产生的电话费用由甲方承担支付。

10.5 本协议有效期内，乙方应于每月15日前向甲方提供符合国家法律法规和标准的增值税专用发票，甲方在收到合规发票后的10个工作日内将相应款项付至乙方指定账户。

10.6 基于本协议的服务所产生的税费由甲、乙方根据法律规定各自承担。

10.7 双方账户信息：

甲方		乙方	
通信地址	北京市海淀区××××	通信地址	北京市海淀区××××
开户银行	工行清华园支行	开户银行	建行北大支行

（续）

甲方		乙方	
银行账号	×××0165××46××××××78	银行账号	×××0166××46××××××30
税号	×××0500MA5××7JF00	税号	×××0900MA0××QDN00
财务联系人	马六	财务联系人	赵七
联系电话	18610101×××	联系电话	15647474×××

11 安全与保密条款

11.1 乙方知悉本协议签订和合作过程中甲方业务数据、系统信息、业务流程、培训及客户资料等均属商业机密，因乙方人员原因导致信息毁损或泄露，乙方须承担由此造成的一切损失。

11.2 乙方确保乙方人员及与业务外包相关的后台支持人员、人事管理人员等均接受过保密培训，熟悉并掌握相关保密规定。

11.3 为保证信息安全，甲方可在业务外包场所规定信息安全规定，乙方人员应予以遵守。

11.4 为保证信息安全，乙方应采取对业务外包场所严格的门禁管理和保安措施，未经甲方同意任何无关人员不得进入，甲方可视情况要求乙方调取监控录像和门禁记录进行安全检查，甲方可对安保提出要求和建议，乙方需予以配合。

11.5 本协议及本协议附件、本协议补充文件均属需保密内容，未经对方同意，双方不得将前述材料及材料涉及信息向第三方包括但不限于本方与该业务无关的人员披露。

12 协议变更、终止与转让

12.1 双方同意，如需对约定的业务考核指标以及其他协议操作细节进行调整，经双方项目负责人书面确认后具有法律效力。除此以外，由双方对本协议的变更须另行签订补充协议予以确认。

12.2 本协议因任何原因终止，双方应积极配合处理过渡期内的相关业务安排，避免造成本协议约定业务损失。

12.3 本协议终止后，乙方应于5日内将甲方提供给乙方的客服账号、平台、系统、数据、资料、客户信息等全部移交给甲方且不得留存任何复制件。

13 违约和赔偿

13.1 除因天气、政府行为、运营商等不可抗力导致乙方所处城市、场地大面积以及持续出现电力、通信、设备故障等问题外，主要因乙方主观原因造成甲方无法实施业务，乙方应赔偿因业务暂停给甲方造成的一切损失，如因前述问题连续发生导致甲方业务暂停或受到重大影响，且乙方经甲方书面通知未能在合理期限限内排除问题，甲方有权单方终止协议。

13.2 发生以下事件，甲方可立即单方解除协议，并要求乙方赔偿因过错方行为给甲方造成的损失，包括但不限于因过错方原因导致的罚款、赔偿、诉讼费、律师费、业务暂停造成的实际损失等。

13.2.1 乙方发生涉及甲方客户信息泄露的事件。

13.2.2 因乙方过失导致客户对甲方提起法律诉讼。

14 适用法律和争议解决

本协议应按照中华人民共和国的法律解释与执行。在本协议履行中产生的任何争议，应由各方友好协商解决；如协商不成，任何一方可向北京市海淀区人民法院提起诉讼。

15 其他

15.1 本协议一式两份,各方持一份,自各方法定代表人(或授权代表)签字、加盖公章或合同专用章后生效。

15.2 本协议的所有附件和补充协议均为本协议不可分割的组成部分,与本协议具有同等法律效力。补充协议或附件与本协议有冲突的,以补充协议和附件为准。

甲方:北京天天出行科技有限公司 乙方:北京华唐锦程服务外包有限公司

签章: 签章:

法定代表人或授权代表: 法定代表人或授权代表:

年　月　日 年　月　日

附件 1

1-1 考核指标

指标名称	考核标准	考核占比	备注
接起率	90%	30%	1.服务水平指标为通话时长每30s的水平评价
服务水平	80%/30s	15%	2.任一指标未达标扣当月服务费1%
满意度	98%	15%	3.最高扣除比例6%
质检通过率	90%	5%	4.连续2月不达标,甲方有权提前终止合同并不承担任何责任
CPH	13	10%	
首次解决率 (1—升级量÷接起量×100%)	95%	25%	5.考核方案自合同生效第2个月开始执行

1-2 质检标准

监控类别	监控项目	规范	扣分原因	错误类型
对话流程	标准话术使用	开头语: 上午/下行好,**女士/先生,很高兴为您服务。	未分时段主动问候 未使用标准结束语结束对话	非致命
		结束语: 请问还有其他什么可以帮您? 感谢您的来电,稍后请对我的服务做出评价,祝您生活愉快。	结束语与语境不一致	

（续）

监控类别	监控项目	规范	扣分原因	错误类型
对话流程	信息保密	对客户隐私及公司内部信息保密	主动透露用户信息（车辆信息、驾驶人信息）	致命
	与客户友好欢快交流	正确使用功能键	未使用HOLD时不与客户交流	非致命
			错误使用静音键	非致命
		主动为用户服务	一问一答机械沟通，缺乏主动服务意识	非致命
		恰当使用礼貌用语，匹配客户语速	漫不经心，语调冷淡	非致命
			未委婉安抚或正确引导客户	
解决方案	提问思路清晰、深入挖掘客户需求	适当使用开放或封闭提问方式，准确探寻用户问题	思路片面、混乱，表达含糊不清	非致命
		获得有效信息	核实问题不够详细	
			未准确理解或未全面回答客户问题	
	解决方案准确、完整	充分利用现有政策/FAQ提供解决方案	提供错误信息或错误引导客户	致命
			未明确指导客户操作	
			未提供全部解决方案	
		按已有流程或升级规范处理客户问题	未依据现有流程处理	致命
			承诺客户反馈未升级工单	
工单记录	QA工单记录	如实记录客户问题并选择正确分类	未记录或未完整记录客户问题	非致命
			工单分类错误	
满意度	用户满意度	用户对服务满意或认可	因员工问题导致客户评价不满意或未参评	致命
		沟通中无禁忌词汇或表达方式	质问、反问、推诿	致命
			打断客户或抢话未致歉	
			使用工单、二线等	
			谩骂客户或与客户正面冲突	
			抨击其他公司产品	

附件 2

收费标准

天天出行客服服务结算方式	单价	业务类型
客服代表	12 000 元 /（人·月）	天天出行热线服务
管理人员	13 000 元 /（人·月）	天天出行热线服务

备注：

1. 结算周期：自然月。

2. 结算标准：总服务费用为以下 6 项费用的累计，即：总服务费用 = 客服代表费用 + 项目组长费用 + 项目质检员费用 + 项目主管费用 + 项目经理费用 + 加班费用。

3. 客服代表费用结算说明：客服代表费用按照每月法定工作时长（8h 工作制，每周 5 个工作日）对应的服务费用标准计算，根据通过甲方培训且实际出勤的乙方客服在当月的出勤总时数确认，未通过甲方培训的人员其出勤时间不得作为甲方应付服务费的计算依据，仅在客服通过培训且经甲方确认可以正式上线之后，其出勤时间方可计入出勤总时数，项目组长、项目质检员、项目主管及项目经理的服务费用为 13 000 元 / 人，计算方法如上。

4. 加班费用结算说明：如甲方要求客服在每天（包括休息日，但不包括法定节假日）8h 的工作时间之外延长工作时间的，超出每天 8h 工作时间的服务费用，按照双方约定的服务费用的 1.5 倍计算；如甲方要求单名客服人员在法定节假日加班的，按照双方约定的服务费用的 3 倍计算。

附件 3

为北京天天出行科技有限公司外包项目的日常工作能够顺利及稳定运作、方便华唐锦程（北京）信息技术有限公司人员与外包项目人员密切沟通，关于业务调整以及沟通，甲乙双方各指定各层级对接人，以便在出现问题时迅速响应，如有调整，双方另行书面确认。

各层级业务对接人名单：

甲方公司	姓名	职务	联络电话	第二联络电话	电子邮件
公司层	王二	经理	186××××××××		wanger@tiantian.com
运营层	孙三	主管	152××××××××		sunsan@tiantian.com
运营层	王婷	主管	188××××××××		wangting@tiantian.com
技术层	于工		186××××××××		yugong@tiantian.com

（续）

乙方公司	姓名	职务	联络电话	第二联络电话	电子邮件
公司层	张三	商务部负责人	131××××××××		zhangsan@huatangjc.com
运营层	花花	运营经理	159××××××××		huahua@huatangjc.com
运营层	贾七	项目主管	186××××××××		jiaqi@huatangjc.com
技术层	唐九		138××××××××		tangjiu@huatangjc.com

花花看过外包服务协议后，准备开始着手建立项目管理体系，以确保项目的优质运营。

在本项目中，读者通过系统学习将掌握如何针对一个典型的呼叫中心呼入客户服务项目进行成本与效益分析、项目薪酬绩效管理制度建立、呼叫中心业务流程及管理流程建立等管理工具的设计原理及应用。

任务 1 呼叫中心成本与效益分析

任务情景

花花：马姐，咱们分公司第一个项目签下来了，我看了协议第一时间就来找您，需要您提供一些财务数据，我好做项目成本和效益分析，希望马姐多多支持。

财务马姐：花花你好，我也刚收到协议的原件，正在做备份。就知道你要来找我，我也正在为你统计数据呢，你要是不忙，咱们一起统计吧！毕竟公司刚开业，很多成本数据需要你了解。

花花：是啊，成本数据不了解可没办法运营项目。感谢马姐这么支持，那咱们就开始看看新公司的成本情况吧！了解成本，我也好尽快做出收益预估，评估项目风险。

财务马姐：花花越来越专业了，那就一起统计成本数据吧。

任务分析

呼叫中心行业在我国发展非常迅猛，越来越多的企业认识到呼叫中心的作用，纷纷自建或外包呼叫中心，然而对于这些已经运作的呼叫中心，无论是自建型还是外包型，都会面临相同的困扰，即如何有效降低成本、提高收益。呼叫中心面临的成本主要有人力成本、管理成本、固定成本等方面。如何使呼叫中心发挥最大的效应是同行业面临的主要问题，同时也是所有呼叫中心目前急需要解决的问题。合理的成本控制也是提高收益的方法之一。

本任务主要以外包型企业的呼入型业务为案例，针对呼叫中心项目制定《项目成本核算表》，对成本和效益进行分析，从而快速明确项目的收支平衡点，了解成本控制和效益提升的基本要素。鉴于呼叫中心的效益提升方式会涉及不同的管理领域，所以呼叫中心效益提升方法在本书的其他任务和知识点中也会有不同角度的讲解。

任务实施

1. 认识呼叫中心企业的成本构成

外包型呼叫中心和自建型呼叫中心的成本构成基本相同，只是自建型呼叫中心的运营管理者往往更多地把管理精力放在客户的体验和满意度上，而外包型呼叫中心的运营管理者更能够平衡客户的体验和项目的收益，也更关注成本的管理。从另外一个角度来讲，企业将部分呼入呼出业务外包给外包型呼叫中心来运营也是一种成本节约。

对自身企业的成本构成有充分的了解是呼叫中心运营管理者的基本能力，通常呼叫中心的成本构成如下：

1）管理费用：通常指公司的职能部门产生的相关费用，它并不是项目运营自身直接产生的成本费用。职能部门通常有人力资源部、财务部、行政部、技术支持部等，管理费用通常包括：

① 职能部门人力成本：包括职能部门的人员工资、五险一金、绩效奖金等。

② 职能部门福利费用：包括职能部门人员的交通补助、用餐补助、手机话费补助、节日福利费。

③ 饮用水费：公司日常饮用水所产生的费用。

④ 水费：公司日常保洁用水产生的费用。

⑤ 电费：公司日常办公用电产生的费用。

⑥ 办公网络费用：公司日常办公产生的网络费用。呼叫中心企业会将项目使用的网络和职能部门使用的网络分开，各自单独采购。

⑦ 办公电话费：公司日常办公产生的电话费用，通常指座机电话费用。

⑧ ▲职能部门差旅费：职能部门产生的因公差旅费，这部分费用职能部门通常产生较少，多由商务部和项目运营部门产生。

⑨ ▲职能部门会议费：职能部门产生的会议费用，这部分费用职能部门通常产生较少，多由商务部和项目运营部门产生。

⑩ ▲职能部门市内交通费：职能部门在市内产生的交通费用，如财务部到税务局办理相关工作事宜产生的打车费用、地铁及公交费用；人力资源部到社保局办理相关工作事宜产生的打车费用、地铁及公交费用。

⑪ 车辆维护费用：指公司自有车辆产生的燃油费、保养及维修费用、车辆保险费用等。

⑫ 办公用品费用：指公司日常办公使用的打印纸、笔、本、硒鼓等办公用品及耗材费用。

2）固定费用：通常指稳定支出且支出金额变化不大的费用，固定费用通常包括：

① 公司办公场地房租：指公司承租的办公场地全部面积的房租，包括公摊面积。房租费用相对固定，且会根据房屋租赁协议按季度或者某一固定时间支付。

② 公司办公场地物业费：指公司承租的办公场地全部面积的物业费，包括公摊面积。物

业费用相对固定，且会根据物业服务协议按季度或者某一固定时间约定支付。

③ 公司办公场地房租取暖费：由地方城市统一供暖产生的费用视为取暖费，如自行使用中央空调等自发手段取暖，该笔费用应作为管理费用。取暖费指公司承租的办公场地全部面积的取暖费，包括公摊面积。取暖费用相对固定，且会根据地方取暖规定进行约定支付。

3）项目人力成本：指只针对该项目设定的工作岗位产生的相关人力成本，项目人力成本通常包括：

① ★项目人员工资：指项目各岗位人员的工资，工资通常有薪资结构，将根据管理者采取的管理方式进行设定，常见的基本构成为：基本工资+绩效工资，也有采取基本工资+岗位工资+绩效工资的结构形式。

② ★项目人员五险一金：指项目各岗位人员的养老保险、医疗保险、失业保险、工伤保险和生育保险，还有住房公积金。五险一金分为个人缴纳部分和公司缴纳部分，在呼叫中心的成本核算中，公司缴纳的部分同样要核算到成本中，这也是管理者较为容易忽略的一个成本费用。

③ ★项目奖金提成：指项目中为了鼓励先进、鞭策后进而设定的关联个人项目业绩的奖金提成。

4）项目福利费用成本：

① ▲团队建设费用：是指公司为了增强员工的团体意识和协作精神举行，用以提高团队合作、建立团队凝聚力而开展的相关活动产生的费用。

② ▲福利补贴费用：指为项目中各个岗位设立的手机通信费、用餐补贴、交通补贴、防暑降温等费用。

③ ▲节假日福利费：指国家法定节假日为员工提供的福利产生的费用，如端午节、中秋节等。

④ 员工宿舍租金：公司为项目员工提供的宿舍产生的租金，通常7×24h的项目，公司会为夜班员工提供机动型宿舍。

⑤ 员工宿舍水电网费：员工宿舍产生的水费、电费、网费，有些公司在制度中规定该部分费用由员工承担。

⑥ 宿舍取暖费用：员工宿舍产生的冬季取暖费用，在这里特指城市统一供暖产生的取暖费。

⑦ 班车费用：公司为员工提供通勤班车产生的费用，通常倒班较多的项目中，公司会提供班车福利。

5）项目运营成本：指围绕项目运营开展相关工作过程中而产生的相关费用，通常包含：

① 招聘费用：指人力资源部门为了该项目招聘员工产生的费用，如人才市场、招聘网站、

人力资源服务公司等招聘渠道建立过程中产生的费用。

② ▲培训费用：针对新员工业务培训及老员工岗中培训产生的讲师聘请费、课时费、培训材料费、场地使用费等费用，需要注意的是，在公司新员工进入试用期之前是要通过培训并且考核的，在这期间会产生培训补贴费用，这包含在培训费用中。

③ 项目饮用水费：项目运营过程中员工饮用水的费用。

④ 项目电费：指该项目范围内所使用的用电设备产生的费用。

⑤ 项目网费：指专属于该项目的运营商宽带月租费用，通常高标准的项目运营将会租赁两条不同运营商的宽带线路，一条日常使用，另一条应急使用。

⑥ 项目点对点专线费用：点对点专线也叫数据专线，指项目发包方（甲方）要求的链接甲方机房和接包商机房的数据专线，用于数据安全、稳定传输；点对点专线的服务由电信运营商提供，通常费用较高。

⑦ ▲项目办公用品费用：指项目运营过程中使用的办公用品和耗材产生的费用。

⑧ ▲项目差旅费：指为了项目对外合作产生的差旅费。

⑨ ▲项目会议费：指项目运营过程中产生的会议费用。

⑩ ▲项目电话费：指项目运营过程中产生的电话费用。

⑪ 项目税费：指通过该项目的运营，甲方定期结算服务费用而产生的税费。

6）固定资产折旧费用：固定资产是指企业为生产产品、提供劳务、出租或者经营管理而持有的、使用时间超过12个月的、价值达到一定标准的非货币性资产，包括房屋、建筑物、机器、机械、运输工具以及其他与生产经营活动有关的设备、器具、工具等。呼叫中心企业的固定资产通常指房租、办公家具、电子设备。在本书的教学案例中房屋为租赁形式，所以不作固定资产核算。

7）无形资产摊销：通常指呼叫中心软件系统的采购费用。

2. 明确呼叫中心各类成本的计算和分摊方式

在呼叫中心项目运营中，做好成本统计核算、设定好合理的成本分摊方式，就可以做好一份精准的项目经营收益报表，精准的项目经营收益报表是有助于运营管理者对项目进行全面掌控、及时发现项目运营问题、改善运营质量、提高项目收益的管理工具。

呼叫中心项目运营前期做好成本核算、分摊以及及时更新成本变化是项目运营管理的基础。下面是关于呼叫中心几类成本的核算和分摊方法。

1）管理费用的核算及分摊：以月为单位，统计当月发生的各项管理费用，进行每项费用分别核算分摊。分摊原则为根据各项目具有生产能力的坐席数量进行平均分摊。例如，在本教学任务中天天出行项目具有生产能力的坐席是"客服代表"和"管理坐席",详见协议的附件2中"2-1 收费标准"。假设该公司仅有这一个项目,客服代表数量为60人,管理人员数量为8人。公司管理费用当月为35 000元,那么管理费用分摊到每个坐席的当月成本为:35 000÷(60+8)=514.71元/(人·月)。

管理费用的分摊方式关键在于一定要分摊到有产能收入的坐席上,同时管理费用要分摊到该公司的所有项目中。如果花花的公司有两个项目,每个项目有产能的坐席数量均为50席,那么管理分摊费用则为:35 000÷(50+50)=350元/(人·月)。

管理分摊数据将根据每月有产能收入的坐席数量的变化而变化。

2)固定费用:固定费用的成本分摊方法与管理费用相同,即以月为单位,以各项目具有生产能力的坐席数量作为基数进行分摊。需要注意的是,供暖费的分摊是要将当年一个供暖季的供暖费分摊到一年的12个月,而不是仅分摊到供暖季的月份中。

3)项目人力成本:该成本的分摊方法与管理费用相同,即以月为单位,以项目内全部人力成本为基础,以具有生产能力的坐席数量作为基数进行分摊。需要注意的是,有些项目的管理岗位是成本岗位,无法获得直接服务费收入。比如,电话销售项目中,是由一线坐席代表进行电话销售创造收益,管理岗位则无法直接创收。这种情况的成本分摊,就要将管理岗位的人力成本分摊到具有产能的坐席中。

4)项目运营成本及项目福利成本:该成本的分摊方法与管理费用相同,即以月为单位,以项目内全部项目运营成本分摊到具有生产能力的坐席中。需要注意的是项目运营成本中的税费核算方法为:增值税+附加税,增值税的核算方式为:项目收入÷1.06×6%;附加税的核算方式为:增值税×12%,注意这里的核算方式是按照一般纳税人企业进行核算的,项目收入为项目收款时的实际开发票金额。

5)固定资产折旧:通常呼叫中心企业的办公家具折旧年限为5年,电子设备折旧年限为3年,也就是将相应设备的采购金额÷折旧年限÷12个月,获得的结果再均摊到具有产能的坐席中。

6)无形资产摊销:呼叫中心软件系统的采购费用视为无形资产,通常折旧年限为10年,成本分摊方法为:采购金额÷10年÷12个月,获得的结果再均摊到具有产能的坐席中。

3. 制订《项目成本核算表》,确定营收平衡点

经过了前两步对于呼叫中心企业的成本构成和成本分摊的基本方法的了解,便可以开始对项目的成本进行核算,形成成本核算表。花花通过财务马姐获得了公司有关成本的相关数据,开始着手进行成本核算。花花获得的相关数据见表1-1~表1-4和图1-1。下面开始制订天天出行项目的《项目成本核算表》。

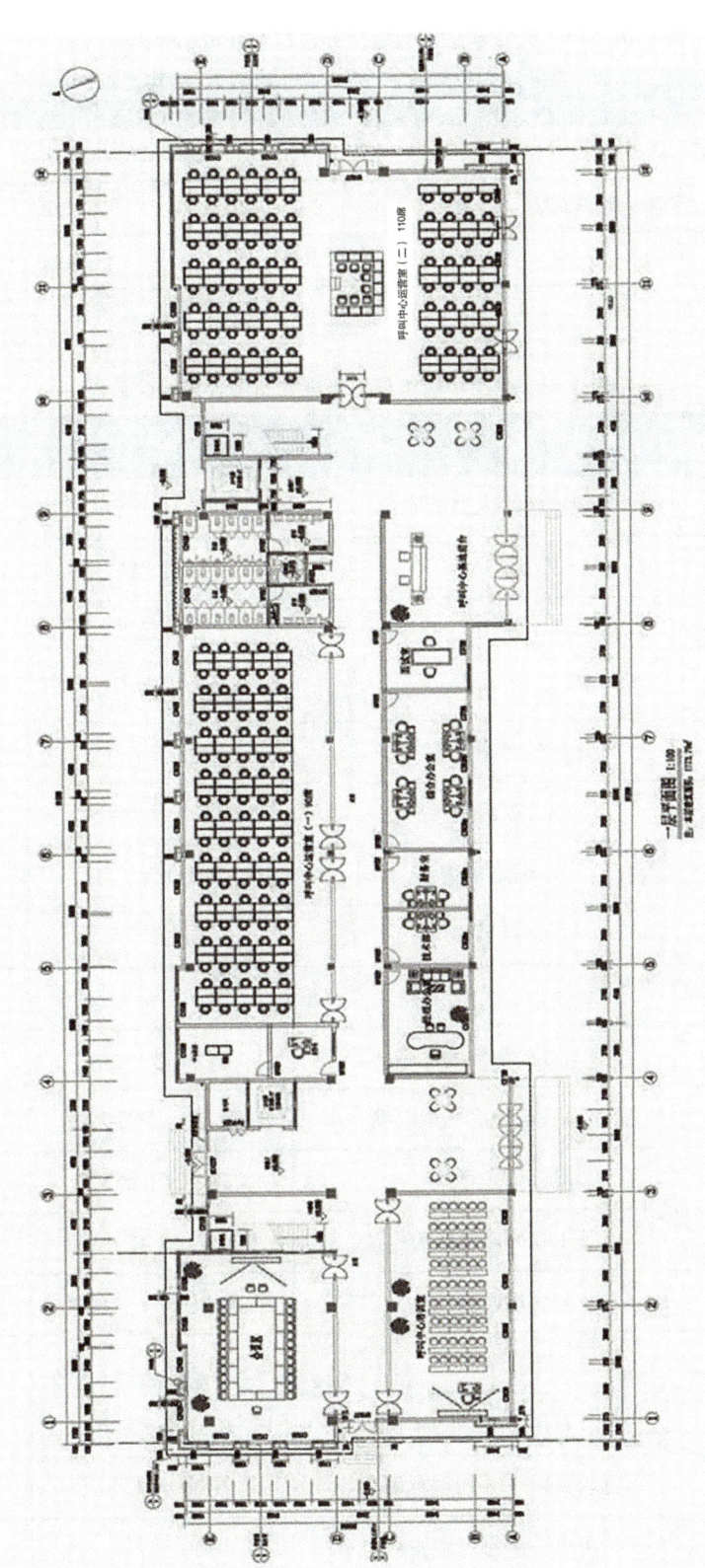

图1-1 北京华唐锦程服务外包有限公司场地平面图

表1-1 北京华唐锦程服务外包有限公司场地面积数据

区域	面积/m²
总面积	1 773.79
呼叫运营一区	207.50
呼叫运营二区	348.00

表1-2 北京华唐锦程服务外包有限公司经营数据

成本大类	成本项目	金额	备注
管理费用	职能部门人力成本		
	饮用水	7元/桶	
	水费	7.4元/t	日常保洁用水
	电费	1元/（kW·h）	
	办公网络费用	300元/月	50MB/s
	办公电话费用	200元/月	
	车辆维护费	2 000元/月	
	办公用品费用	500元/月	
固定费用	公司办公场地房租	5元/（m²·天）	
	公司办公场地物业费	1元/（m²·月）	
	公司办公场地房租取暖费	29元/（m²·供暖季）	供暖季为4个月
项目福利成本	员工宿舍租金	1 000元/（套·月）	8套宿舍
	员工宿舍水电网费	200元/（套·月）	平均核算
	宿舍取暖费用	26元/（m²·供暖季）	供暖季为4个月
	班车费用	5 000元/（月·辆）	两辆班车
项目运营成本	招聘费用——网站渠道	12 000元/年	
	招聘费用——人才市场	500元/场	
	招聘费用——人力资源服务公司	300元/人	
	项目饮用水费	7元/桶	

（续）

成本大类	成本项目	金额	备注
项目运营成本	项目网费——中国联通	2 000元/月	百兆企业级宽带
	项目网费——中国移动	1 800元/月	百兆企业级宽带
	项目电费	1元/(kW·h)	
	项目点对点专线费用	20 000元/月	联通
	项目税费		

表1-3 北京华唐锦程服务外包有限公司职能部门人力成本数据

单位：元

序号	部门	岗位	基本工资	岗位工资	绩效工资	工资总额	公司缴纳五险一金部分	交通补助	用餐补助	电话补助	小计
1	财务部	会计	3 000	1 000	2 000	6 000	2 580	100	100	100	8 880
2		出纳	2 500	500	1 500	4 500	1 935	50	50	50	6 585
3	人力资源部	主管	3 000	1 000	2 000	6 000	2 580	100	100	100	8 880
4		专员	2 500	500	1 500	4 500	1 935	50	50	50	6 585
5	技术部	主管	3 000	1 000	2 000	6 000	2 580	100	100	100	8 880
6		专员	2 500	500	1 500	4 500	1 935	50	50	50	6 585
7		专员	2 500	500	1 500	4 500	1 935	50	50	50	6 585
8	行政部	主管	3 000	1 000	2 000	6 000	2 580	100	100	100	8 880
9		专员	2 500	500	1 500	4 500	1 935	50	50	50	6 585
10		保洁员1	2 500	0	0	2 500	1 075	0	0	0	3 575
11		保洁员2	2 500	0	0	2 500	1 075	0	0	0	3 575
12		保洁员3	2 500	0	0	2 500	1 075	0	0	0	3 575
13		保安1	2 500	0	0	2 500	1 075	0	0	0	3 575
14		保安2	2 500	0	0	2 500	1 075	0	0	0	3 575
15		保安3	2 500	0	0	2 500	1 075	0	0	0	3 575
	总计		39 500	6 500	15 500	61 500	26 445	650	650	650	89 895

表1-4 北京华唐锦程服务外包有限公司固定资产及无形资产数据

序号	品名	单位	数量	单价/元	总价/元	折旧年限/年	用电量/(kW/台)
1	呼叫系统服务器	台	4	30 000	120 000	3	1.6
2	KVM切换器	台	1	5 000	5 000	3	0.03
3	坐席办公计算机	台	200	3 000	600 000	3	0.2
4	存储服务器	台	2	60 000	120 000	3	1.6
5	上网行为管理	台	2	20 000	40 000	3	0.1
6	防火墙	台	2	20 000	40 000	3	0.1
7	核心交换机	台	2	18 000	36 000	3	0.12
8	接入交换机	台	10	2 500	25 000	3	0.02
9	投影仪	套	2	7 000	14 000	3	0.29
10	监控系统	套	1	35 000	35 000	3	0.42
11	门禁系统	套	1	15 000	15 000	3	0.05
12	ups电源	台	1	100 000	100 000	3	待机耗电0.2
13	激光打印机	台	2	2 000	4 000	3	0.50
14	彩色打印机	台	1	5 000	5 000	3	0.50
15	企业级话务耳麦	个	200	200	40 000	3	无
16	服务器机柜	台	2	4 000	8 000	5	
17	总经理办公室家具	套	1	8 000	8 000	5	
18	财务办公室家具	套	1	4 000	4 000	5	
19	技术部办公室家具	套	1	2 000	2 000	5	
20	综合办公室家具	套	1	6 000	6 000	5	
21	会议室家具	套	1	12 000	12 000	5	
22	培训室家具	套	1	15 000	15 000	5	
23	面试室家具	套	1	3 000	3 000	5	
24	办公工位	席	200	650	130 000	5	
25	网络布线	席	210	650	136 500	5	
26	呼叫中心系统软件	席	200	15 000	3 000 000	10	
合计					4 523 500		

从花花目前获取到的数据来看，这些数据还不足以支撑项目成本核算，因为有些数据是无法从财务角度获得的，需要管理人员通过项目情况来具体制定。标注▲和★符号的是需要管理人员根据实际情况具体制定，其中标注▲符号的是常规的变量成本，可以通过常规管理手段进行成本管控。标注★符号的是相关人力成本，人力成本是项目运营管理的关键重要成本，它的制定不能朝令夕改，一旦确定不可以轻易变动。经过花花的思考，将标注▲符号的相关成本一一列出，详见表1-5。

表 1-5 ▲ 符号成本预估

成本大类	成本项目	金额	注解
管理费用	差旅费	0 元 / 月	公司职能部门属于对内工作岗位，异地差旅情况较少，可忽略不计
	会议费	500 元 / 月	主要用于人力资源部开拓招聘渠道使用
	市内交通费	200 元 / 月	日常办公预估
项目福利成本	团队建设费用	50 元 /（人·月）	暂定，根据项目运营情况灵活调整
	福利补贴费用	15 元 /（人·天）	项目员工午餐补助，按天计算
	节假日福利费	10 元 /（人·月）	主要针对端午节和中秋节制定的福利支出
运营成本	培训费	50 元 /（人·天）	新员工培训补贴
	项目办公用品费	500 元 / 月	前期预估，项目运营后可根据三个月的费用支出取平均值进行预估
	项目差旅费	1 000 元 / 月	前期预估
	项目会议费	1 500 元 / 月	前期预估
	项目电话费	0 元 / 月	该项目使用甲方线路，电话费由甲方支出。如果是呼出项目，可以根据每个坐席每天外呼通话时长进行预估

从目前获取的相关数据来看，基础数据已经收集完毕，可以开始着手制定《项目成本核算表》。通常《项目成本核算表》是以月为单位进行核算，这样方便后面进行月度的项目收支平衡测算。所以《项目成本核算表》制定的首要条件是将基础数据进行月度支出预估。从目前的基础数据来看，水费、饮用水费、团队建设费用、福利补贴费用、节假日福利费、培训费如果进行月度支出预估，其影响因素是员工数量；电费的影响因素是用电设备及设备用电时长；项目人力成本的影响因素是组织架构设定、人员编制设定、薪酬绩效考核设定以及奖励制度设定。

首先解决电费核算问题，从表 1-4 中来看，用电设备千瓦数（kW，即每小时用电量，2kW 为每小时用 2 度电）已经明确，那么电费预估为：同种类用电设备总功率 × 每天用电小时数 × 设备每月使用天数 × 电费单价，就会获得该设备当月电费预估值。花花很快计算出了电费支出预估表，详见表 1-6。

表 1-6 电费支出预估表

品名	功率/kW	数量	总功率/kW	h/天	天数	月用电量/(kW·h)	电费单价/元	小计/元	备注
呼叫系统服务器	1.60	4	6.40	9	31	1 785.60	1	1 785.60	项目为7×8h运营模式,用电设备按照9h满负荷运转。日常照明用电可忽略。
KVM 切换器	0.03	1	0.03	9	31	8.37	1	8.37	
坐席办公计算机	0.20	200	40.00	9	31	11 160.00	1	11 160.00	
存储服务器	1.60	2	3.20	9	31	892.80	1	892.80	
上网行为管理	0.10	2	0.20	9	31	55.80	1	55.80	
防火墙	0.10	2	0.20	9	31	55.80	1	55.80	
核心交换机	0.12	2	0.24	9	31	66.96	1	66.96	
接入交换机	0.02	10	0.20	9	31	55.80	1	55.80	
投影仪	0.29	2	0.58	8	22	102.08	1	102.08	
监控系统	0.42	1	0.42	9	31	117.18	1	117.18	
门禁系统	0.05	1	0.05	9	31	13.95	1	13.95	
ups 电源	0.20	1	0.20	9	31	55.80	1	55.80	
激光打印机	0.50	2	0.99	9	31	276.21	1	276.21	
彩色打印机	0.50	1	0.50	9	31	139.50	1	139.50	
月电费金额预估								14 785.85	

接下来,到了最关键的成本预估核算,就是人力成本核算。根据天天出行的协议条款来看,该业务为7×8h的呼入业务,坐席数量160席。那么一线坐席人数按照1∶1.2的比例进行人力配比,也就是需要192名一线坐席人员。花花快速得出了各运营岗位设定和人数设定,详见表1-7。

表 1-7 天天出行项目人员配比表

岗位	人数预估	配比原则
一线坐席	192	1∶1.2
运营经理	1	1人
运营主管	5	约每3个组配备1名主管
班组长	16	每组12名一线坐席
培训专员	3	约每60名一线坐席配备1名
质检专员	6	约每30名一线坐席配备1名
共计	223	

花花做完定岗定人数后,根据目前同类型项目各岗位薪酬水平,做出了各岗位薪酬结构,详见表 1-8。

表 1-8　天天出行项目各岗位薪酬结构表

单位:元/月

岗位名称	基本工资	岗位工资	绩效工资	工资总额
运营经理	8 000	4 000	8 000	20 000
运营主管	7 000	2 000	6 000	15 000
班组长	3 800	1 000	3 200	8 000
培训专员	3 800	1 000	3 200	8 000
质检专员	3 800	1 000	3 200	8 000
一线坐席	2 500	200	1 800	4 500

数据整理完毕,制作《项目成本核算表》就很简单了。天天出行项目成本核算表见表 1-9。

表 1-9　天天出行项目成本核算表

成本大类	成本项目	月度支出/(元/月)	备注
管理费用	职能部门人力成本	89 895.00	
	饮用水	420.00	职能部门 15 人,每人每月 4 桶水
	水费	1 761.20	全体员工 238 人,每人每月 1t 水
	招待费	500.00	主要用于人力资源部开拓招聘渠道使用
	市内交通费	200.00	日常办公预估
	电费	14 785.85	公司整体用电预估
	办公网络费用	300.00	50MB/s
	办公电话费用	200.00	
	车辆维护费	2 000.00	
	办公用品费用	500.00	
固定费用	公司办公场地房租	274 937.45	公司整体租赁面积 1773.79 元
	公司办公场地物业费	1 773.79	
	公司办公场地房租取暖费	4 286.66	供暖季为 4 个月

（续）

成本大类	成本项目	月度支出/（元/月）	备注
固定资产折旧	固定资产折旧费	63 714.00	固定资产金额÷折旧年限÷12个月
项目人力成本	项目人员工资	1 159 000.00	
	项目人员五险一金	312 930.00	公司承担员工五险一金金额按照工资总额的27%核算（按照北京要求取相对值）
	项目奖金提成		暂不考虑
项目福利成本	员工宿舍租金	8 000.00	8套宿舍，每套70m²
	团队建设费用	11 150.00	项目员工223人
	福利补贴费用	72 753.75	项目员工午餐补助，按每月21.75有效工作日计算
	节假日福利费	185.83	主要针对端午节和中秋节制定的福利支出
	员工宿舍水电网费	1 600.00	平均核算
	宿舍取暖费用	14 560.00	供暖季为4个月
	班车费用	10 000.00	两辆班车
项目运营成本	招聘费用—网站渠道	1 000.00	
	招聘费用—人才市场	500.00	
	招聘费用—人力资源服务公司		暂不考虑
	培训费		暂不考虑
	项目办公用品费	500.00	前期预估，项目运营后可根据3个月的费用支出取平均值进行预估
	项目差旅费	1 000.00	前期预估
	项目会议费	1 500.00	前期预估
	项目电话费		该项目使用甲方线路，电话费由甲方支出。如果是呼出项目，可以根据每个坐席每天外呼通话时长进行预估
	项目饮用水费	6 244.00	每人每周消耗1桶
	项目网费（中国联通）	2 000.00	百兆企业级宽带
	项目网费（中国移动）	1 800.00	百兆企业级宽带
	项目点对点专线费用	20 000.00	联通
	项目税费		根据营业收入预估后核算计入
月度成本预估合计		2 079 997.53	
平均成本		9 327.34	223人

最后，开始测算收支平衡点，测算收支平衡点要先测算收益。在本项目中，服务费价格设定为客服代表 12 000 元/（人·月），管理人员 13 000 元/（人·月）。如果按照花花设定的人员架构和数量来测算，有 31 个管理人员（培训专员与质检专员视为与班组长同级别）、192 名客服代表。每月收入为 12 000.00×192.00+13 000.00×31=2 707 000.00 元。按 270.7 万元的营业收入，税费缴纳增值税为 2 707 000.00÷1.06×6%=153 226.40 元，附加税为 153 226.40×12%=18 387.17 元，项目税费总计 171 613.60 元。按此进行核算，该项目每月经营利润为 2 707 000.00-2 079 997.53-171 613.60=455 388.87 元。

在做项目成本核算的过程中要充分考虑合同条款的约束，在本项目合作协议附件 1 中有相应的付款约束条款：

1）任一指标未达标扣当月服务费 1%。

2）最高扣除比例 6%。

3）连续 2 月不达标，甲方有权提前终止合同并不承担任何责任。

4）考核方案自合同生效第 2 个月开始执行。

根据上述条款进行分析，也就是关键绩效指标（KPI）达标情况将影响服务费的结算，如果 KPI 达标是 100%，那么做到 94% 以下就视为不达标，连续两个月不达标项目合作将终止。同时天天出行公司也为外包商提供了一个月的时应时间，也就是考核方案在第二个月开始生效。

假设 KPI 达标结果是 95%，那么结算金额为 2 571 650.00 元，在项目成本不变的情况下，项目经营利润为 328 619.57 元。虽然仍是盈利，但达标结果再低就要面临项目终止的情况。所以将 2 571 650.00 元的收入结果为盈亏平衡点。

其实盈亏平衡点并不难找，就是找到收入减支出后接近于 0 的数值。找到了项目盈亏平衡点也就判断出了第一个影响项目收益的风险因素。

本案例中的成本与收益核算并未考虑固定资产折旧带来的成本，只是从日常的支出与收益的角度进行分析。其实，影响呼叫中心项目收益的因素有很多。作为一名运营管理者，要学会在运营数据和财务数据中找到这些关键因素，并且及时有效地加以改正，才能做到保证项目盈利并且可持续发展。

4. 成本控制和效益提升的基本要素

有效的成本控制，做到成本节约，就是为项目创造利润。针对项目运营情况制定相关制度可以提高项目收益。结合天天出行的成本数据，可以通过分析得出以下关于成本控制和效益提升的要素：

（1）成本控制要素

1）降低人力成本：从成本构成数据中可以看出，公司月度成本为 2 079 997.53 元，直接人力成本为 1 471 930.00 元，可见人力成本占总成本的 71%。所以制定良好的薪酬管理制度不仅能够降低人力成本，还可以提高收入。在这个公司的成本构成中可以看到，职能部门的人力成本接近 9 万元，可以通过精减人员数量的直接方法降低人力成本。

2）减少其他不必要的成本支出：天天出行项目的项目福利费用总和为 11.8 万元。而这个项目是 7×8h 的工作，所以可以考虑减少宿舍数量，同时去掉班车福利。也可以将福利补贴费用去除，将这笔费用投入到员工的奖励激励中去。

3）制定预算制度：在成本核算表中可以看到有很多不确定当月是否发生的费用，比如差旅费、会议费等。所以建立一个严谨的预算审批制度是可以良好地把控每月的费用支出，从而控制成本。

4）制定各项审批制度：严格的审批制度也是控制成本的有效方法。

（2）效益提升要素

1）制定科学的薪酬绩效管理制度：科学的薪酬绩效管理制度可以鼓励先进、鞭策后进，打造多劳多得的工作文化。

2）制定高效的质量管理制度：项目运营质量直接影响着 KPI 的达成，也就直接影响项目收益。高效的质量管理制度可以提高项目运营指标、提升收益，同时也能够提高客户满意度。

3）建立培训体系：呼叫中心的运营成本中 70% 以上是人力成本，人员培训合格率的提升就是为项目创造收益。

4）合理控制人员流失：团队建设、组织能力提升培训、创造良好的企业文化氛围，都是有效降低人员流失的方法。

必备知识

客服中心的使命就是要做到让客户满意、员工满意、公司满意。客户满意是核心的使命，也是客服中心存在的基本原因。员工满意也很重要，这不仅关系着客服中心的服务质量，也关系着企业的社会责任。公司满意则要在客户和员工满意的基础上，做到合理、有效的成本控制。

成本控制很重要，如果不计成本，获取客户满意和员工满意的管理工作将毫无技巧和能力可言，这是一个再简单不过的道理，但纵观社会上的众多客服中心，能做到合理、有效的成本控制并不多，这主要因为客服中心所属的呼叫中心行业有一定的专业性和闭合性，企业高层领导和人力、财务等部门往往不具备客服中心管理的专业性知识，无法有效考评客服中心绩效水平。很多企业为了解决这个问题，要么设置一个客服总监的高层管理职位，需要具备考评客服中心绩效水平的能力；要么需要外聘咨询公司来监管，但这无疑又增加了很多成本。

在呼叫中心里大约有 75% 的运营成本是与人力成本有关的。控制呼叫中心成本可以通过对人才招聘的管理，薪酬体系的完善，减少呼叫中心坐席人才的流失。对于呼叫中心通信成本的控制主要通过提高一次解决率、提高坐席处理问题能力、设置简洁的 IVR 流程等。

近几年，呼叫中心在我国迅速发展，已经有越来越多的企业认识到呼叫中心的作用，纷纷自建或外包呼叫中心，然而对于这些已经运作的呼叫中心，无论是自建型还是外包型，都会面临着相同的困扰——如何有效降低成本。呼叫中心面临的成本主要有人力成本、通信成本等方面。如何使呼叫中心发挥最大的效应是同行业面临的主要问题，同时也是所有呼叫中心目前急需要解决的问题。

本任务的主题是成本与效益，在日常运营管理中，有效地降低成本也是另一种效益的提升，所以着重讲解成本控制。

1. 客服中心成本构成

客服中心成本从时间点划分可分为初建成本和运营成本。

初建成本：场地初建成本、设备初建成本、系统初建成本、网络初建成本、办公家具用品初建成本、灾备初建成本、各类手续办理和专属号码审批成本等。

运营成本：话费、人力成本、场地日常成本、耗材成本、设备和各类用品的维修折旧成本、系统维护成本等。

初建成本一般为一次性投资，鉴于客服中心往往已经建立而且初建成本在很大程度上取决于企业的定位，所以本文不做深入分析。

2. 如何有效控制成本

（1）人力成本控制

在呼叫中心里，大约有 75% 的运营成本是与人力资源成本有关的。所以控制成本首先应该从"人"开始，这主要包括人才招聘、培训、减少人员流失率、提高人员利用率。

1）设计合理的架构。

首先，客服中心架构要考虑前后线的合理比例，还有领导级的合理占比。根据呼叫中心行业国际标准，坐席与班组长的比例应该是 15∶1，主管与经理的比例是 6∶1。这一标准可以为设计客服中心架构提供借鉴和参考。

其次，客服中心管理架构需要考虑具体需求，一般需要 1 名总经理的职能，下面分设业务运营、质检管理、人力资源、系统支持、客户关系管理（根据需要设置）这 5 项职能。再往下就是具体的坐席队伍，坐席一般 10～15 人编为一支团队，上设 1 名班组长。具体的岗位

需求量要根据客服中心规模、业务属性等情况进行设置。

最后需要特别指出的是：客服中心人力成本浪费最容易出现在多余的管理岗位上，这部分成本需要企业高度重视。

2）人才招聘。

对于呼叫中心在人员选拔上，不仅应该关注应聘人员的综合素质，还要关注的是人员的胜任性，并结合本中心的实际情况——"我们需要什么样特质的人"。为此来制定合理的招聘标准，以招聘到最适合本岗位的人才，因为这样才能有效降低后期的人才流失率。

呼叫中心招聘的员工最好以应届毕业生为主，减少社会人才招聘压力。对于管理人员的招聘需要在原有人员中选拔、自行培养，大大减少管理人员的流失率。如果招聘同行业或者招聘有工作经验的管理人员，那么所需要的人力资源费用相对较高，这样的管理人员的不稳定性也较强。此外，每年招聘时可采用集中招聘、集中培训的方式进行，可大大减少每次的招聘及培训费用。

3）完善薪酬、福利体系。

在同行业中提供有竞争力的薪酬水平，采用低工资高奖金的薪酬福利体系。表现优异的员工其相应收入标准也较高，这能充分提高员工的工作积极性。

4）通过排班和现场管理提高坐席利用率。

坐席数量基本固定后，下一步工作就是要合理、有效地提高坐席利用率。

绝大部分客服中心都需要排班，设置多少个班次、每个班次安排多少名坐席，这是一项专业性工作。总体来说无论采用经验预测还是Erlang-C公式推算，都需要以SLA（服务等级协议）等指标作为目标来合理安排。

另外客服中心还有一个"关键少数"的现象，即如果从0开始逐个增加坐席数量，在坐席数量达到第一个临界点前SLA始终在极低的范围内（如15%）且增加缓慢，突破第一个临界点后每增加1名坐席就能带来大幅度的SLA增加，1名甚至可增加近15%。到达第二个临界点后SLA趋于稳定，之后再增加坐席，SLA提升的幅度特别小，可能不超过0.5%。那么两个临界点中间的增加的坐席数量就被称为"关键少数"，对于一个100名坐席的客服中心来说"关键少数"可能是8~10名坐席，所以在班次、坐席数量固定的情况下，客服中心的现场管理就显得十分重要，尤其在话务高峰时段，每缺少1名坐席，服务质量的下降都非常明显。

有关如何合理通过数据分析合理排班，详见本书其他内容。

5）减少人员流失率。

目前呼叫中心坐席代表的流失率较高，这是呼叫中心行业很普遍的现象，而员工一旦流失，公司就要补充新人。作为一名新员工，从招聘、岗前培训、在线指导，直到能独立上线，至少也需要几个月的时间。如果人员流失率较高，会使人员招聘及培训费用大大增加，并且新员工多时，其服务质量及客户满意度也会大大降低。

呼叫中心减少人员流失率的主要办法为：首先，建立有效的激励体系。主要的激励措施有绩效加分、荣誉称号、培训加分、岗位晋升。例如，可以每月按照应答电话量、通话时间、质量监控成绩等客观指标对员工进行"星级员工"评比活动，成绩最高的员工可选为星级人员。此外还可以设立"优秀录音""优秀员工""优秀团队"等评比活动，这些评比结果均可以记录到员工的个人档案中，在员工晋职、培养、工资晋档、奖金分配等方面优先考虑。

其次，晋升机制。对于各项考核优秀的人员，可以作为后备管理人员进行一段时间培养，培养结束后根据其对岗位的胜任程度安排不同的岗位。借此机会激励员工努力学习，自觉提升。

6）提高现有人员业务水平，提高坐席利用率。

有效地提高员工利用率能够很好地节约人力成本。目前，可通过培养员工的综合素质和技能，采用轮岗的方式，让员工多学习呼叫中心不同岗位所必需的岗位技能，尽量做到每个人都能胜任不同岗位，在需要的时候随时进行岗位调配。

合理安排坐席数量后，还可以通过提高坐席业务水平的方式来进一步提高坐席利用率。这里需要考核的指标是平均通话时长、平均后处理时长和工时利用率等。

平均通话时长：代表坐席平均每通电话与客户沟通的时长，因为有大量数据统计作为基础，可以不考虑小部分意外事件，所以坐席沟通技巧越娴熟，平均通话时长就越短。

平均后处理时长：绝大部分业务在挂断客户电话后仍需要进行一些系统操作等后续工作，结束后才可以接进下一通电话。坐席的业务操作能力越强，平均后处理时长越短。

工时利用率：各客服中心统计口径不一，工时利用率的考核还要兼顾坐席培训、开会、吃饭、小休、上厕所等，但从考核角度来看，更适合的计算方法应该是在一定时间段内，工时利用率＝（坐席总通话时长＋总后处理时长）/班次工作时长。一般来说，工时利用率可以代表坐席工作的勤奋程度，但工时利用率不应要求过高，这样既不人性，也容易增加坐席压力，不利于客服中心长期发展。上述计算方法的工时利用率应以70%为目标更为妥当。上述的指标考核仅是评估方法，具体的改进工作应该由管理者通过培训管理、人员管理、质量管理、文化建设、绩效管理等手段去提高客服中心整体工作效率，这些工作实质上是客服中心管理的最重要和最长期的工作之一。

7）完善的培训体系。

完善的培训体系可以提高员工技能水平。水平越高、越有经验的员工处理客户联络请求的用时越短。这也是为什么高流失率对呼叫中心所造成的损失是巨大的。完善的培训体系为降低人力资源成本起到了较大的作用。一些呼叫中心采取员工自己招聘、自己培养的方式，因此一套完善的培训体系必不可少。例如，公司拥有丰富的培训教材、完善的试题库、精干的讲师团队，这样相应的培训体系完善，培养新人所需要的时间也将大大减少。呼叫中心要定期全面回顾和审核自己的招聘标准、培训体系，确保向一线岗位输送合格的人才。对于在岗的员工，呼叫中心要定期审核自己的激励制度、员工满意度等情况，确保员工的工作积极性。还要通过质量监控，不断发现每个个体员工的不足，通过辅导与培训促使其改进，以及整体的技能水平差距，并通过相应的附加培训以及针对性地调整培训计划加以弥补。

那么，如何评估客服中心人力成本控制效果呢？

1）审视管理岗位的人力成本。

首先，企业需要考察呼叫中心行业的总体水平，结合企业自身定位来合理制定各管理岗位的薪酬水平。

其次，企业需要参考呼叫中心员工标准比例来检查企业的客服中心是否存在管理岗位冗余的现象。

最后，企业需要根据自身愿景，并结合客服中心各项KPI来为客服中心各管理岗位设计合理的绩效考核机制。

2）关注KPI。

客服中心各项KPI的测量都很具有真实性，企业可以直接观察KPI情况以评估客服中心是否存在人力成本浪费。

下面列举几项KPI的分析方法作为参考。

SLA：行业内普遍认可将SLA控制在80%以上，可理解为客户基本不会产生"电话难打"的心理感受。如果企业非常想追求更高的服务质量，可将SLA控制在85%~90%之间，但尽量不要高于90%，坚决不能高于95%，因为SLA一旦过高，肯定会导致大量的成本浪费，SLA越高浪费越严重。SLA对客户满意的贡献不会超过30%，更多的客户满意来源于坐席的沟通技巧和业务技能。

接通率：单位时间内接起电话总量在来电总量中的占比。这项指标其实和SLA是相互映射的，SLA为80%时，接通率一般会在90%以上，SLA为90%时，接通率一般会在96%左右，而且接通率更像是以企业为核心的指标，SLA更像是以客户为中心的指标，接通率的表达内容也不如SLA丰富。因此，企业应更多关注SLA，接通率仅作为辅助参考。

坐席工时利用率：需要与SLA和客服中心其他管理工作进行合并分析，如以一个月作为统计时间段，SLA为80%时，坐席工时利用率控制在75%左右更为妥当，SLA为90%时，坐席工时利用率控制在65%左右更为妥当。如果坐席工时利用率过高，则代表坐席压力过大，且坐席得不到培训、活动等机会；如果工时利用率过低，则代表坐席非工作时间过多，可考虑减少坐席数量或安排更多的技能培训等辅助管理工作。

平均处理时长：它等于平均通话时长＋平均后处理时长。企业需要将此项指标进行同比和环比，同时考虑业务内容是否有改变。如果业务内容无改变，平均处理时长应有降低的趋势，如果没有降低，则代表客服中心管理工作有欠缺。有一种情况例外，即客服中心早已走上正轨且其他指标均合理且优秀，但这种例外情况不会太多。

客户满意度：客户满意度是对客服中心工作的最有效体现，可想而知，如果客户不满意，即使SLA等指标再优秀，客服中心的工作也是无用的，这本身就是最大的浪费。但客户满意度是一项很难测量的指标，现有的测量方式都无法有效体现。客服中心的客户满意度主要来源于SLA、FCR（一次性解决率）、坐席沟通技巧和坐席业务技能。

FCR：一次性解决率代表客户的诉求是否能通过一次沟通就得到有效解决。很多专业咨询机构都做过统计分析，发现客服中心客户满意度的第一来源就是FCR，而且较高的FCR也代表流程的减少、成本的节省。

投诉率、质检监控分数水平：企业可以通过这两项指标来简单评估客服中心坐席整体的沟通技巧和业务技能的水平，以此来推断客户满意程度，检查客服中心管理工作的有效程度。

3）统计分析两个平均成本指标。

企业还可以统计一个月或一年中客服中心平均每通电话的成本和平均每名客户的服务成本，再将这两项指标进行月度或年度比较，以此来分析客服中心绩效的增减。

以年为例，首先计算客服中心的总体运营成本，要把所有客服中心运营成本构成都计算在内。然后用总体运营成本／全年的通话总量，就得出一年中客服中心平均每通电话的成本，这里需要注意的是通话总量包括呼入和呼出。同时，全年运营成本／企业全年面向的客户总量就得出一年中客服中心平均每名客户的服务成本。

这两项指标除了可以对比客服中心阶段性工作的进步与否，还可以直观地让企业感受其客户服务的单位成本，可以为企业整体的产品设计、价格设计、市场营销、服务规划等工作提供有效的参考。

（2）通信成本控制

1）提高一次解决率。

首先，解决率在节约运营成本，提高客户满意度方面有极为重要的地位。据估计，行业内呼叫中心大约有25%～30%的运营成本花在类似的重复呼叫及升级投诉处理上。针对提高一次解决率可以通过以下几种方式。

① 提高员工坐席处理问题能力。在培训过程中，要重视员工倾听技巧和对客户需求准确把握能力的培训，以及根据客户需求及时帮助客户解决相应的咨询问题能力的培训。

② 合理设计知识库。坐席代表赖以生存的工具就是知识库，而知识库设计是否合理，查询是否便捷直接影响到坐席代表的效率。知识库的完善、维护，并保证把新的信息及时传达一

线员工也是很关键的。呼叫中心可以开发独立的内部网页，很多业务知识在网页上挂出，这样坐席代表能够在第一时间查到相关准确信息，为客户提供答复。坐席代表解决问题的时间缩短了，相应接的电话量多了，成本也相应降低。

③优化路由选项。通过不断优化语音菜单及路由选项，减少客户的错误理解和选择，使客户能够准接入相应的队列或技能组。

2）设置简洁的 IVR 流程。

合理清晰的 IVR 提示及路由分配可以有效提高服务的针对性和准确性，降低转接率及错误率，从而提升处理速度。而运行稳定的桌面系统，内容完备、及时、查询方便的知识库系统也可以帮助员工迅速解决客户的问题，提高一次解决率，缩短平均处理时间。

3）自助服务。

提倡客户通过网站、APP 等方式自助解决问题，减少人工咨询量，这也可以有效降低成本。

任务拓展

1. 实训任务：华唐锦程公司承接了一个外呼项目，请结合华唐锦程公司整体情况并根据下面的外呼项目描述，制作一份华唐锦程公司外呼项目成本核算表。

2. 任务形式：每个人独立完成，提交 Excel 文件。

3. 任务时限：30min。

4. 项目背景：

1）电信增值类业务，外呼给客户销售 4G 套餐升级为 5G 套餐。

2）销售成功一单甲方结算金额为 60 元。

3）甲方提供数据，数据接通率大约为 60%。电话费由华唐锦程承担，0.9 元 / min。

4）甲方要求每人每天的数据处理量不得少于 180 条，低于 180 条高于 160 条的结算金额 × 95%，低于 160 条的结算金额 ×90%。

5. 任务结果：

1）制定出《项目成本核算表》，要求是明细表，有详细核算过程。

2）找到收支平衡点，测算出每人每天至少成单多少个。

3）外呼项目引入后，原有的天天出行项目成本是否有变化。

任务 2 呼叫中心薪酬与绩效管理

任务情景

花花：戴经理您好，我今天准备和您一起讨论制定天天出行项目的薪酬和绩效考核制度，作为人力资源部经理，我想先听听您的想法。

戴经理：花花经理您好，我也正想和您沟通这个事情，我的专长是做人力资源管理，可以在薪酬结构上提出专业建议，但是绩效考核方面还是需要听您的建议，毕竟呼叫中心业务的考核指标我是外行。薪酬制定方面，我希望做一种鼓励多劳多得的制度，避免固定工资导致员工工作不积极的情况出现，同时还要考虑到公司收益。

花花：是的，我的思路基本和您一样。那咱们就开始商量起草吧。

戴经理：好的。

任务分析

呼叫中心薪酬与绩效管理是呼叫中心运营管理的核心之一，科学严谨的薪酬制度在有利于合理控制成本的同时，还能增强公司的凝聚力、建立稳定的员工队伍、吸引高素质的人才、激发员工的工作积极性，起到"鞭策后进、鼓励先进"的作用。

呼叫中心绩效管理是呼叫中心薪酬管理中非常重要的一环，是激励员工、有效管理员工的直接手段。通过绩效管理，提高员工工作积极性，提升呼叫中心服务质量。客服人员所表现出来的服务质量，代表客户对于呼叫中心的评价，也代表客户对所服务企业品牌和产品的评价，是企业长远发展、维系客户、取得长远发展的保障。

相对于一般型企业管理，呼叫中心作为人力密集型企业，其绩效管理更强调数字化管理，绩效指标具有可量化的数据，并能够通过数据进行分析从而改善绩效指标，提升服务质量。

本任务主要结合天天出行这一项目案例，讲解呼叫中心的薪酬结构设计原理，结合 KPI 设计绩效管理制度，从而能够独立设计薪酬管理制度，并能够找到改善绩效的关键因素。

任务实施

1. 认识薪酬结构

呼叫中心企业常见的薪酬结构为：基本工资＋岗位工资＋绩效工资＋福利补贴＋奖金提成。具体分析说明如下：

1）基本工资：基本工资金额的设定通常参考本地最低工资标准，在最低工资标准之上进行设定，不同岗位、不同级别的基本工资还要参考该地区同行业的工资待遇进行设定。基本工资的发放与员工考勤相关联。

2）岗位工资：岗位工资通常从管理角度考虑设定，即不同岗位、不同级别设置相应的岗位工资，同一岗位也可以设定不同级别的岗位工资，用以区别同一个岗位不同个体能力差异。

3）绩效工资：绩效工资与该岗位的岗位职责紧密联系，通常通过KPI来进行绩效考核。通常绩效工资设计为总工资的40%～45%，设计绩效工资占比时通常不考虑福利补贴和奖金提成。

4）福利补贴：指为项目中各个岗位设立的手机通信费、用餐补贴、交通补贴、夜班补贴、防暑降温等费用；其中用餐补贴、交通补贴的发放与员工考勤相关联。通常7×24h的呼叫中心业务会设立一项夜班补贴，即上夜班的员工会获得夜班补贴，夜班补贴的金额设定通常为10～30元。

5）奖金提成：一般来讲，销售型呼叫中心企业或销售类呼叫中心业务在进行薪酬设计时会将奖金提成作为重要的组成结构，目的是鼓励多劳多得。

呼叫中心的薪酬设计应该围绕岗位开展，参照科学、规范的岗位管理体系，通过对岗位进行科学的评价，结合本地薪酬调查以及对员工的能力进行评价。还要考虑企业的综合实力，如实际经营状况以及支付能力等因素，最终对岗位薪酬确定方案。该薪酬结构设计可以展示岗位和能力的一致性、员工在岗位上的创造性以及岗位的价值性。

2. 制定薪酬结构基本制度

花花根据各薪酬结构的特点，结合天天出行项目的实际情况，制定了天天出行项目各岗位薪酬结构及相关制度。

天天出行项目薪酬管理制度

（各岗位薪酬结构）

公司名称：华唐锦程服务外包发展有限公司

编写部门：天天出行项目运营管理部

1 总则

1.1 为规范天天出行项目（以下简称"项目"）薪酬绩效管理工作，建立科学、系统、公正的薪酬管理体系，构建"奖励先进、鞭策后进"的用人机制，提高员工工作积极性，根据《中华人民共和国劳动法》《中华人民共和国劳动合同法》的相关规定，结合公司实际情况，特制定本制度。

1.2 项目实行"密薪制"，呼叫中心员工负有保守薪酬秘密的义务。

1.3 本制度在客观评价岗位价值和充分调查行业企业薪酬水平的基础上，基于员工技能和工作绩效确定员工的薪酬，薪酬体系遵循以下原则：

1.3.1 满足一个前提，即满足公司财务支付能力的要求。

1.3.2 注重两个公平，即内部公平与外部公平：外部公平是薪酬水平与行业其他企业相比要有竞争力，内部公平是指公司内部薪酬水平要体现岗位价值和个人技能。

1.3.3 实现三项匹配，即个人基准薪酬与岗位相对价值相匹配、个人薪酬与工作绩效相匹配、薪酬总额与公司效益相匹配。

1.4 本制度由华唐锦程服务外包发展有限公司制定，公司运营负责人有修改、解释权。本制度由总经理审批通过后发布施行，并向项目全体员工公示。

2 薪酬结构

2.1 薪酬结构

岗位名称	级别	基本工资/（元/月）	岗位工资/（元/月）	饭补/（元/天）	交通补/（元/月）	全勤奖/（元/月）	绩效工资/（元/月）
运营经理	—	8 000	4 000	15	200	—	8 000
运营主管	—	7 000	2 000	15	150	300	6 000
班组长	—	3 800	1 000	15	100	250	3 200
培训专员	—	3 800	1 000	15	100	250	3 200
质检专员	—	3 800	1 000	15	100	250	3 200
坐席代表	初级	2 500	200	15	100	200	1 800
坐席代表	中级	2 500	400	15	100	200	2 000
坐席代表	高级	2 500	600	15	100	200	2 400

2.1.1 天天出行项目呼叫中心薪酬由基本工资、岗位工资、绩效工资和各类补贴4个部分组成。

2.1.2 工资按照级别进行划分，级别评定根据每月实际表现，结合本制度进行评定。

2.1.3 公司结合业务发展和员工表现情况设置奖金。

2.2 饭补核算说明

饭补金额15元/天，根据实际出勤天数核算。

2.3 交通补核算说明

当月满勤获得交通补；当月未达到满勤要求，根据实际出勤天数核算交通补，例如：当月工天为22天，实际出勤为20天，则坐席代表交通补核算方式为100/22×20=90.9元。

2.4 全勤奖说明

2.4.1 当月满勤获得全勤奖金。

2.4.2 当月出现事假、病假、旷工情况不予发放全勤奖。

2.4.3 当月出现 2 次（含）以上的迟到、早退、换班情况不予发放全勤奖。

2.4.4 公司安排的倒休、调休情况不考虑在内。

3 评级办法

项目一线员工分为初级、中级、高级三个级别，现对评级办法规定如下：

3.1 升降级制度

升降级为每月考评，考评升降级的核心指标为绩效达成比和当月出勤两个指标，绩效达成比为实际获得绩效工资/岗位绩效工资×100%，如张三为初级员工，岗位绩效工资为 300 元，当月实际获得绩效工资为 270 元，绩效达成比值为 270/300×100%=90%。

各级别升降级标准：

级别	当月绩效达成比	当月出勤
初级	90%~95%	全勤
中级	95%~98%	全勤
高级	≥98%	全勤

3.1.1 初级员工当月绩效达成比≥95% 且全勤，次月升为中级。

3.1.2 中级员工当月绩效达成比≥98% 且全勤，次月升为高级。

3.1.3 高级员工当月绩效达成比≥98% 且全勤，不再升级。

3.1.4 各级别当月绩效达成比同样视为降级条款，当月绩效达成比和出勤两者同步考核，即绩效达成比达标，但并未做到全勤，次月降级。

3.2 其他说明

3.2.1 试用期员工参与绩效考评，但不参与评级，试用期结束转正后定为初级，转正后第二个月参与评级。

3.2.2 初级员工评级后降级情况处理办法：第一次降级按照原级别相关制度进行评定，即初级员工张三 3 月评定结果为降级（低于 90%），4 月份仍为初级员工；连续两次降级，则绩效工资整体为 0。连续 3 次降级则返岗培训，培训期间只发放基本工资，如甲方不允许返岗培训，则直接开除。

4 其他说明

4.1 试用期员工基本工资为初级基本工资的 80%，享受餐补、交通补、全勤奖待遇，且参与绩效考核。

4.2 本制度为试行版，公司有权根据项目运营进展情况进行合理化修改调整。

4.3 绩效工资考评办法会根据不同运营阶段需求进行调整，调整内容包括绩效工资额度、指标项增减、指标项考评标准等。

3. 设计绩效考核制度

建立规范、科学的绩效考核体系，有效实施绩效考核能够整合并激活人力资源管理的各项职能活动，形成强大的内驱力和拉动力，通过持续的、动态的、双向的绩效沟通，能够不断地改善员工个人的绩效，最终实现企业整体绩效的提升。

绩效考核的方法有很多，如360°考核法、目标管理法（MBO）、全方位考核法、关键绩效指标法（KPI法）、平衡记分卡法等，就绩效考核的方法而言，没有优劣之分，只有适用之别，没有适合一切目标的通用考核方法。呼叫中心通常采取KPI法，而KPI法重要的是确定绩效考核的指标结构体系、权重体系，也就是在众多的KPI中找到最重要的KPI，同时设定每一个KPI的权重比例。

在本案例中，需要根据天天出行项目的指标要求（协议中所描述的天天公司对项目的指标要求）中找到符合考评员工的KPI。天天出行项目的指标要求见表1-10。

表1-10 天天出行项目指标要求

指标名称	考核标准	考核占比	备注
接起率	90%	30%	1. 服务水平指标为通话时长每30s的水平评价
服务水平	80%/30s	15%	2. 任一指标未达标扣当月服务费1%
满意度	98%	15%	3. 最高扣除比例6%
质检通过率	90%	5%	4. 连续两个月不达标，甲方有权提前终止合同并不承担任何责任
CPH	13	10%	5. 考核方案自合同生效第2个月开始执行
首次解决率（1－升级量÷接起量×100%）	95%	25%	

从上表中可以看出，无法考核到个人的指标有接起率（也叫接通率）和服务水平，而满意度、质检通过率、CPH（人均每小时电话处理量）、首解率都可以考量到个人。那么是不是只选择可以考量到个人的这四个指标呢？当然不是。可以看到接起率和服务水平在考核占比中一共占了45%，这说明接起率和服务水平是很关键的结算考核指标，这两个指标能否达成，不仅决定这服务费用的结算，更影响项目能否持续经营下去。这也就需要找到影响接起率和服务水平的其他指标来对坐席代表进行考量。

那么哪些指标会影响接起率和服务水平呢？在不考虑排班合理性和坐席代表数量是否充足的条件下，直接影响到个人的因素往往是一些时效性的指标，如平均通话时长（即平均处理时长，AHT）、事后处理时长（即平均按面时长，ACW）、小休时长等，改善这些指标都可以提高接起率和服务水平。

下面再来分析满意度、质检通过率、CPH、首解率是否适合纳入KPI。满意度是其他指标不可替代的指标，通常都会纳入KPI。质检通过率是绩效指标中最关键的，同样要纳入

KPI。CPH虽然很重要，但是如果平均通话时长和事后处理时长达标，那么CPH自然也会达标，所以CPH可以不纳入KPI。首解率考量的是坐席代表对于业务的掌握熟练程度以及沟通能力，首解率低可以通过业务和能力培训进行提升，也可以通过质检制度进行管理。是否将首解率纳入项目的KPI中还要根据项目运营的阶段来进行确定。基于以上分析，坐席代表的KPI选择基本可以确定是平均通话时长、事后处理时长、小休时长、满意度、质检通过率、首解率。

那么班组长和主管的KPI该如何选择？首先，班组长和主管作为管理者，主要目的和责任是要带领团队来达到整体项目的考核指标。也就是说，除了考量个体的指标以外，还要融入团队的指标考核，也就是项目的指标考核。同时还要融入一些非呼叫中心运营指标的管理指标加以考核。一切指标选择的目的都是以公司利益最大化为基本原则。那么就要考虑引入哪些指标能够帮助提高收益、减少支出、提高项目质量。常见的班组长和主管的非呼叫中心KPI有员工利用率、员工流失率、员工出勤率、员工培训考核合格率等。而对于班组长和主管的KPI，则可以选择接起率、服务水平、首解率等。

花花根据各岗位的特点，结合天天出行项目的实际情况，制定了天天出行项目绩效管理办法。

天天出行项目绩效考核办法

（坐席代表试行版）

公司名称：华唐锦程服务外包发展有限公司

编写部门：天天出行项目运营管理部

1　绩效工资考核办法

　　1.1　绩效工资考量质检合格率、满意度、小休时长、平均事后处理时长、忙碌时长5个指标项达成情况，具体占比如下：

指标项	绩效占比	初级绩效／ （元／月）	中级绩效／ （元／月）	高级绩效／ （元／月）
质检合格率	30%	540	600	720
满意度	15%	270	300	360
小休时长	20%	360	400	480
平均事后处理时长	20%	360	400	480
忙碌时长	15%	270	300	360
合计		1 800	2 000	2 400

1.2 质检合格率考核办法

以月度为单位,以甲方质检标准为准绳,以甲方月度质检结果为衡量基础进行质检合格率指标项考量,从而获得该指标项最终绩效工资,质检合格率绩效工资＝考核系数×对应级别绩效工资,考核系数见下表:

当月个人质检合格率	考核系数
质检合格率≥98%	1.1
95%≤质检合格率＜98%	1.0
90%≤质检合格率＜95%	0.9
80%≤质检合格率＜90%	0.75
70%≤质检合格率＜80%	0.6
质检合格率＜70%	0

1.3 满意度考核办法

满意度＝满意电话数量÷参评电话数量×100%(满意度数据获取渠道为系统)。以月度为单位,对当月员工满意度达成结果进行考量,从而获得该指标项最终绩效工资,满意度绩效工资＝考核系数×对应级别绩效工资,考核系数见下表:

当月个人满意度达成情况	考核系数
满意度≥99%	1.1
98%≤满意度＜99%	1.0
95%≤满意度＜98%	0.9
90%≤满意度＜95%	0.8
85%≤满意度＜90%	0.6
满意度＜85%	0

1.4 小休时长考核办法

以月度为单位,以系统核算的当月平均每天小休时间为衡量标准,从而获得该指标项最终绩效工资,小休时长绩效工资＝考核系数×对应级别绩效工资,考核系数见下表:

当月个人平均每天小休时长达成情况	考核系数
小休时长＜40min	1.1
40min≤小休时长≤45min	1.0
45min＜小休时长≤50min	0.8
50min＜小休时长≤60min	0.6
小休时长＞60min	0

1.5 平均事后处理时长考核办法

平均事后处理时长 = 事后处理总时长 ÷ 电话接听总量，单位：s。以月度为单位，以系统核算的当月平均事后处理时长为衡量标准，从而获得该指标项最终绩效工资，平均事后处理时长绩效工资 = 考核系数 × 对应级别绩效工资，考核系数见下表：

当月个人平均事后处理时长达成情况	考核系数
平均事后处理时长＜6s	1.1
6s≤平均事后处理时长≤8s	1.0
8s＜平均事后处理时长≤10s	0.8
10s＜平均事后处理时长≤12s	0.6
平均事后处理时长＞12s	0

1.6 忙碌时长考核办法

以月度为单位，以系统核算的当月平均每天忙碌时长为衡量标准，从而获得该指标项最终绩效工资，忙碌时长绩效工资 = 考核系数 × 对应级别绩效工资，考核系数见下表：

当月个人平均每天忙碌时长达成情况	考核系数
忙碌时长＜20min	1.1
20min≤忙碌时长≤25min	1.0
25min＜忙碌时长≤30min	0.8
30min＜忙碌时长≤35min	0.6
忙碌时长＞35min	0

1.7 话量提成规则

以月度为单位，以当月个人接听总电话量（外呼量不计在内）为核算基数，进行对应提成核算，提成规则如下：

当月个人接听总电话量达成情况	对应提成单价
0～1399 通	0 元
1～1400 通	0.15 元/通
1401～1749 通	0.20 元/通
1750～2249 通	0.25 元/通
2250 通以上	0.45 元/通

注：以上提成为阶梯式提成，举例说明如下：

例1：员工张三当月接听电话总量为2992通，其个人提成核算如下：

1400×0.15+（1750–1400）×0.2+（2250–1750）×0.25+（2992–2250）×0.45=738.9 元

例2：员工张三当月接听电话总量为1399通，则无话务提成。

2 其他条款

2.1 本制度为试行版，公司有权根据项目运营进展情况进行合理化修改调整。

2.2 绩效工资考评办法会根据不同运营阶段需求进行调整，调整内容包括绩效工资额度、指标项增减、指标项考评标准等。

天天出行项目绩效考核办法

（班组长试行版）

公司名称：华唐锦程服务外包发展有限公司

编写部门：天天出行项目运营管理部

1 绩效工资考核办法

1.1 绩效工资考量班组当月员工利用率、质检合格率、满意率、服务水平、首解率、接起率 6 个指标项达成情况，具体占比如下：

指标项	绩效占比	对应绩效/（元/月）
员工利用率	30%	960
质检合格率	20%	640
满意度	20%	640
服务水平	10%	320
首解率	10%	320
接起率	10%	320
合计		3 200

1.2 绩效工资核算公式

应发绩效工资＝（班组员工利用率绩效工资 × 考核系数）＋（班组质检合格率绩效工资 × 考核系数）＋（班组满意度绩效工资 × 考核系数）＋（班组服务水平绩效工资 × 考核系数）＋（班组首解率绩效工资 × 考核系数）＋（班组接起率绩效工资 × 考核系数）

1.3 员工利用率考核办法

员工利用率＝（通话时长＋（事后处理总时长）系统置忙总时长）/（登录总时长－培训总时长－用餐总时长－小休总时长）×100%。以月度为单位，以该项目当月平均员工利用率结果为考量标准，从而获得该指标项最终绩效工资，考核系数见下表：

当月项目平均员工利用率	考核系数
员工利用率≥85%	1.1
80%≤员工利用率＜85%	1.0
75%≤员工利用率＜80%	0.9
70%≤员工利用率＜75%	0.7
员工利用率＜70%	0

1.4 质检合格率考核办法

以月度为单位，以甲方质检标准为准绳（内部质检结果不计在内），以甲方月度质检结果为衡量基础进行质检合格率指标项考量，从而获得该指标项最终绩效工资，考核系数见下表：

当月班组质检合格率	考核系数
质检合格率≥98%	1.1
95%≤质检合格率＜98%	1.0
90%≤质检合格率＜95%	0.9
80%≤质检合格率＜90%	0.6
质检合格率＜80%	0

1.5 满意度考核办法

满意度＝满意电话数量÷参评电话数量×100%（满意度数据获取渠道为系统）。以月度为单位，以该班组长所管理员工当月满意度达成结果进行考量，从而获得该指标项最终绩效工资，考核系数见下表：

当月班组满意度达成情况	考核系数
满意度≥99%	1.1
98%≤满意度＜99%	1.0
96%≤满意度＜98%	0.8
90%≤满意度＜96%	0.6
满意度＜90%	0

1.6 服务水平考核办法

以月度为单位，以该班组长所管理员工当月服务水平结果为考量标准，从而获得该指标项最终绩效工资，考核系数见下表：

当月班组服务水平	考核系数
服务水平≥90%/30s	1.1
80%/30s≤服务水平＜90%/30s	1.0
75%/30s≤服务水平＜80%/30s	0.9
70%/30s≤服务水平＜75%/30s	0.7
服务水平＜70%/30s	0

1.7 首解率考核办法

首解率 =1– 升级量 ÷ 接起量 ×100%。以月度为单位，以该班组长所管理员工当月平均首解率结果为考量标准，从而获得该指标项最终绩效工资，考核系数见下表：

当月班组首解率	考核系数
首解率≥98%	1.1
95%≤首解率＜98%	1.0
90%≤首解率＜95%	0.8
80%≤首解率＜90%	0.6
首解率＜80%	0

1.8 接起率考核办法

以月度为单位，以该班组长所管理员工当月平均接起率结果为考量标准，从而获得该指标项最终绩效工资，考核系数见下表：

当月班组接起率	考核系数
接起率≥98%	1.1
96%≤接起率＜98%	1.0
92%≤接起率＜96%	0.8
88%≤接起率＜92%	0.6
接起率＜88%	0

2 其他条款

2.1 本制度为试行版，公司有权根据项目运营进展情况进行合理化修改调整。

2.2 绩效工资考评办法会根据不同运营阶段需求进行调整，调整内容包括绩效工资额度、指标项增减、指标项考评标准等。

2.3 本制度仅适用于天天出行项目，如出现更换项目，以更换后项目的薪酬制度为准。

天天出行项目绩效考核办法
（运营主管试行版）

公司名称：华唐锦程服务外包发展有限公司
编写部门：天天出行项目运营管理部

1　绩效工资考核办法

1.1　绩效工资考量小组当月质检合格率、员工利用率、甲方考核指标达成占比、员工出勤率、员工流失率 5 个指标项达成情况，具体占比如下：

指标项	绩效占比	对应绩效/（天/月）
质检合格率	20%	1 200
员工利用率	20%	1 200
甲方考核指标达成占比	20%	1 200
员工出勤率	15%	900
员工流失率	25%	1 500
合计		6 000

1.2　绩效工资核算公式

应发绩效工资 =（当月项目质检合格率绩效工资 × 考核系数）+（当月项目员工利用率绩效工资 × 考核系数）+（当月项目甲方考核指标达成占比绩效工资 × 考核系数）+（当月项目员工出勤率绩效工资 × 考核系数）+（当月项目员工流失率绩效工资 × 考核系数）

1.3　质检合格率考核办法

以月度为单位，以内部质检标准为准绳，以月度质检结果为衡量基础进行质检合格率指标项考量，从而获得该指标项最终绩效工资。试用期员工不在考核范围内。考核系数见下表：

当月项目质检合格率	考核系数
质检合格率≥98%	1.1
95%≤质检合格率＜98%	1.0
90%≤质检合格率＜95%	0.9
80%≤质检合格率＜90%	0.6
质检合格率＜80%	0

1.4　员工利用率考核办法

员工利用率 =（通话时长 +（事后处理总时长）系统置忙总时长）÷（登录总时长 − 培训总时长 − 用餐总时长 − 小休总时长）×100%。以月度为单位，以该项目当月平均员工利用率结果为考量标准，从而获得该指标项最终绩效工资，试用期员工不在考核范围内。考核系数见下表：

当月项目平均员工利用率	考核系数
员工利用率≥85%	1.1
80%≤员工利用率＜85%	1.0
75%≤员工利用率＜80%	0.9
70%≤员工利用率＜75%	0.7
员工利用率＜70%	0

1.5 甲方考核指标达成占比考核办法

甲方考核指标达成占比标准如下：

指标名称	考核标准	考核占比
接起率	90%	30%
服务水平	80%/30s	15%
满意度	98%	15%
质检通过率	90%	5%
CPH	13	10%
首次解决率	95%	25%

以月度为单位，针对以上 6 个指标的实际达成比进行考核，接起率达成比 = 项目接起率 / 甲方接起率标准；服务水平达成比 = 项目服务水平 / 甲方服务水平标准；满意度达成比 = 项目满意度 / 甲方满意度标准；质检通过率达成比 = 项目质检通过率 / 甲方质检通过率标准；CPH 达成比 = 项目 CPH / 甲方 CPH 标准 ×100%；首次解决率达成比 = 项目首次解决率 / 甲方首次解决率标准；以上 6 个指标达成比的平均值作为考核结果，从而获得该指标项最终绩效工资，试用期员工不在考核范围内。考核系数见下表：

当月甲方指标达成比	考核系数
达成比≥99%	1.2
98%≤达成比＜99%	1.1
97%≤达成比＜98%	1
95%≤达成比＜97%	0.9
90%≤达成比＜95%	0.8
85%≤达成比＜90%	0.6
达成比＜85%	0

1.6 员工出勤率绩效系数

以月度为单位,针对迟到、早退、旷工、事假、病假5种情况进行出勤率考评,出勤率核算公式为 = 实际出勤工时 / 应出勤工时,例如,A当月应出勤工时174h,实际出勤166h,出勤率为166/174=95%。迟到、早退、旷工的考核按照当日全体一线实际上线工时 / 当日全体一线应出勤工时来计算,例如,当日全体工时100h,一名员工迟到1h,当日出勤率为99h/100h=99%。

其中丧假、婚嫁、长病假不计在内。试用期同样考核。

员工出勤率绩效系数见下表:

月度全体一线员工出勤率	绩效系数
出勤率≥99%	1.1
98%≤出勤率＜99%	1.0
95%≤出勤率＜98%	0.8
90%≤出勤率＜95%	0.6
出勤率＜90%	0

1.7 员工流失率绩效系数

以月度为单位,一线员工离职且无法提前一个月申请、一线员工提前一个月申请离职且无法及时做人员补充、甲方决定某一线员工脱离项目的离职情况视为员工流失,一线员工提前一个月申请离职但在该员工离职前及时补充的情况下不计算在内。全体一线员工流失率绩效系数见下表:

月度全体一线员工离职率	绩效系数
离职率＜3%	1.1
3%≤离职率＜5%	1.0
5%≤离职率＜7%	0.8
7%≤离职率＜8%	0.6
离职率≥8%	0

2 其他条款

2.1 本制度为试行版,公司有权根据项目运营进展情况进行合理化修改调整。

2.2 绩效工资考评办法会根据不同运营阶段需求进行调整,调整内容包括绩效工资额度、指标项增减、指标项考评标准等。

2.3 本制度仅适用于天天出行项目,如出现更换项目,以更换后项目的薪酬制度为准。

1. 呼叫中心薪酬概论

在当前的企业管理体系众多元素中，薪酬体系是最为重要的一种元素，薪酬是企业对员工给予的激励、回报或者酬劳。呼叫中心企业75%以上的成本来源于人力成本，而在呼叫中心运营管理范畴中，企业所面临的最根本、最艰难的一项内容就是薪酬管理。薪酬设计的设计思路即薪酬战略起到决定性的作用，对薪酬设计以及薪酬管理的实施效果也产生一定影响。呼叫中心运营管理者如果能够将项目特点和人力资源管理进行有效整合，并且达到项目所预期的经营结果，那么就需要科学、合理的薪酬体系作为支撑。

（1）薪酬基本理论

薪酬这个词语来源于英文"compensation"，意思为平衡、弥补、补偿，它潜在的含义是交换。《薪酬管理》中对薪酬的定义为"员工作为被雇佣方，取得的各种货币收入、实质意义的服务及福利之和。"薪酬的实质是一种能够进行平等交换的关系，是劳动者通过付出劳动所体现的劳动价值。由此可见，薪酬归根结底就是被雇佣方通过创造劳动价值，从而获得相应回报，也就是被雇佣方通过劳动获取的酬劳。

（2）薪酬体系的基本结构和基本形式

薪酬由非经济性薪酬和经济性薪酬两部分构成。

非经济性薪酬是指不用货币来衡量，但依然能够使员工心理愉悦的一些因素，这些因素由工作本身的内部因素和工作环境等外部因素组成，如获得的一些荣誉、公司组织的团队建设活动、公司提供的技能培训等。

经济性薪酬是由直接性经济薪酬和间接性经济薪酬两部分构成。间接性经济薪酬指企业不以直接发放货币的形式向员工发放报酬，但是能给予员工生活或工作上的补助（如免费班车、免费宿舍、免费食堂、五险一金、带薪休假、福利、补助、优惠等）。直接性经济薪酬是企业按照具体标准对职工通过支付货币薪酬，包括基础和绩效工资、股权、奖金、津贴以及福利等；在经济性薪酬中，主要通过以下5种形式进行介绍：

1）基本工资：指企业通过现金的方式为员工的劳动价值给予的报酬。基本工资是以工作的技能或价值为主要参照标准，忽略了员工的个体差异。企业在对基础工资进行调整的过程中可能会对以下4点因素进行考虑：一是社会因素以及生活水平的变化等；二是员工对工作薪酬观念的改变；三是员工的工作经验进一步丰富；四是工作技能进一步提高。

2）绩效工资：指企业对员工已经完成的工作所进行的评估，是对其工作产生的成绩和价值的一种认可。绩效工作通常是按照员工的工作业绩而变化的，作为对基本工资的一种补充。所以，该工资是对员工完成工作的奖励和认定。

3）奖金提成：指企业对于员工的超额劳动成绩给予的劳动报酬。奖金是对员工完成超过工作要求所需的任务之后，为了激励员工所给予的报酬。主要用于超出生产或超出直接相关劳动力部分的薪酬。

4）补贴（津贴）：即附加薪酬，用于对劳动方面的酬劳进行补充，主要用于企业为做出特殊贡献或处在特殊的岗位的员工发放的补助。尽管津贴和补贴不是核心内容，只占据总体薪酬水平的一小部分，但在薪酬结构中作为一种补偿不可或缺。

5）福利：福利在薪酬体系中是一个不可替代重要组成部分，企业通过一些福利待遇吸引、保留以及激励员工，员工福利的设计是被企业员工非常关注的一项薪资报酬，在薪酬体系中起着至关重要的作用。福利是不可替代的，它能够及时反映企业的目标。所以，企业对员工的福利待遇对企业的长期发展有着至关重要的作用。

（3）薪酬制度设计的基本原则

1）公平性原则：薪酬制度的设计者的主要任务是从企业实际情况出发，综合现行的薪酬结构进行公平性分析。公平性原则蕴含两个层面：第一，横向型公平：与公司内外进行同类型比较，横向对相近的岗位进行薪酬比较，如果结果没有过多差额，就被认为是公平的，结果相反的话则认定为不公平；第二，纵向型公平：如果员工都能够得到合理的付出与回报，即为纵向型的公平，反之则视为纵向型的不公平。

2）竞争性原则：薪酬作为企业使用的一种手段，目的为了留住员工、吸引员工，就要具备明显的薪酬优势。一方面，企业支付的薪酬要具有合理性和客观性，这样和其他的竞争对手相比就容易吸引员工，招聘到具备实力的技能人才；另一方面，企业支付的薪酬要有优势，这样能够在吸引员工的前提下，留住员工。毕竟员工的流失会直接影响项目的运营质量和团队稳定性。呼叫中心企业不能一味地通过提高薪酬待遇来建立优势，建立一个良好的企业文化、建立一个有效的职业生涯规划体系都是可以让企业具备同行业优势的手段。

3）透明性原则：薪酬是以货币形式给进行支付付出的劳动进行支付的一种方式，还能起到激发员工的工作积极性、鼓励员工为企业做出更多贡献的作用。因此，要建立公开、透明的薪酬体系，这个透明性原则并非员工之间的薪酬透明，而是让员工清楚企业制定薪酬的方法和原则。透明的薪酬体系能够让员工明确自身与企业通过薪酬产生的联系，能够带动员工的工作劲头，激发员工的潜能，提升员工的工作热情，起到良好的激励效果。另外，企业薪酬的制定一定要和员工的工作成绩挂钩，制定的时候尽量避免其他与工作成绩无关的项目，既可以减少薪酬成本，又能合理、有效地激励员工。

4）激励性原则：企业可以通过绩效评估来评定员工的薪酬和奖金等，还能达到以下预期：首先，员工可以查找出不足，不断完善自己、提升自己在工作中的表现；其次，良好的绩效考核体系能够展现出企业的发展战略和员工的发展前景，二者协调发展才能促进企业发展；再次，通过绩效结果，运用正向激励和反向激励的方式对优秀员工和表现不好的员工给予不同奖罚，区别对待。

2. 呼叫中心绩效考核管理

（1）绩效考核管理的概念与 KPI 的含义

绩效管理是指保证绩效考核顺利实施和绩效考核结果科学性的系统和机制的总称。它是依据组织的战略计划而制定的，为了保证组织目标顺利执行的一整套全面动态考核与评价体系，它既是管理思想的具体体现，也是考核的具体操作方法。绩效管理是企业绩效管理系统的一个子系统。它主要包括绩效考核的指标结构体系、权重体系。

KPI（Key Performance Indicator）即关键绩效指标，是反映个体与组织关键业绩贡献的评价依据和指标。KPI 的含义是指通过对组织内部某一流程的输入端和输出端的关键参数进行设置、取样、计算及分析，用以衡量流程绩效的一种目标式量化管理指标。

（2）建立绩效考核制度的目的

既然绩效管理是组织运行的关键手段，而绩效考核又是绩效管理的关键环节，那么绩效考核体系就是一个组织必须具备的管理工具。通过建立绩效考核体系并付诸实施，可以使组织有效地了解目标的达成情况，可以及时发现阻碍组织目标有效完成的原因并予以解决。绩效考核的结果可以为员工的调配和员工的培训与发展提供有效信息。因此，绩效考核是组织十分需要的一项活动，建立系统的绩效考核制度更是组织必不可少的重要活动。

呼叫中心引入 KPI 的目的：KPI 管理在国外呼叫中心是非常普遍的。呼叫中心的运营管理引入 KPI，除了借以建立服务品质管理体系之外，还可以通过它将外包型呼叫中心引入绩效机制。其目的是：

1）设定明确的服务指标，使员工清楚地知道公司和客户对服务水平和质量的要求。

2）加强管理层和一线员工对服务质量的责任感。

3）帮助管理层客观地评估运作表现，而不是靠主观的感觉判断。

4）利用客观的数据分析问题所在并采取纠正及预防措施。

5）降低运作成本。

引入 KPI 管理的好处是可以让呼叫中心的管理层更客观和有效地评估呼叫中心管理人员的表现、整体管理素质和运营的效益。同时，呼叫中心管理人员和一线人员也有一个明确的目标作为参照。

（3）绩效考核制度建立的原则

绩效考核制度的建立贯彻 3 个原则。

其一，目标导向原则。依据企业总体战略目标设立团队或个人具体目标。

其二，SMART 原则。即目标要符合具体的（specific）、可量化的（measurable）、可实现的（attainable）、合理的（realistic）和有时限的（time-bound）原则。

呼叫中心客户服务与管理（高级技能）

S（specific）：指设定目标时要具体明确，尽可能量化为具体数据。

例如，在呼叫中心，如果设定的目标是要提供标准化的服务，那怎样具体明确标准化的服务呢？可以从几个方面去明确，例如，客服人员要使用标准化的礼貌用语、使用规定好的、标准化的服务流程等。

M（measurable）：指可量化的目标，即在设定绩效目标时要可测量、可描述，最好能够量化，这样绩效目标会清晰，否则主管的描述无法进行考评。

在呼叫中心，如果设定目标为提高客户满意度，那么这个目标就很模糊且无法考评，如何才能算作提升了客户满意度，员工不清楚，无法去按照这个模糊的目标去提升绩效，考评时主管也很难判断是否达到了预期目标。因此，在设定客户满意度这样的绩效目标时，可以设定为客户满意度达到90%，这样就非常明确了，也非常容易判断是否达成了预期的绩效目标。

A（attainable）：指可接受的、可实现的目标。不能把过于有难度，肯定无法达成的目标强加给员工，必须设立合理的、可达成的绩效目标，才会对绩效考评起到积极有效的作用。

例如，在呼叫中心给坐席制定绩效目标的时候，如果制定电话一次解决率在一个月内均为100%，这个目标对于员工来说就很难接受，即使接受也很难达成。这样就失去了绩效考核的意义。应该将此目标确定在一个合理且通过员工努力改善、提升，能够达到的一个目标，或者根据员工情况和工作性质，制定的稍具挑战性，但必须是可以达成的范围之内的目标。

R（realistic）：指合理的目标，在现实状况下可操作的、可实现的、符合资源供给的有效的绩效目标。

例如，在呼叫中心，把服务水平（及时率）从原来的85/15（85%的电话在15s内接通）提高到95/10（95%的电话在10s内接通）。这个目标其实可以实现，只要在话务量不变的情况下增加员工数量就可以，但是相应的成本会提高。这就需要企业层面来考虑，是否有必要提高服务水平、提升到这个程度的服务水平是否值得、是否具有可操作性等问题。

T（time-bound）：时效性要求，即设定的绩效目标要在什么时候完成实现。

在设定绩效目标的时候，满足以上几个原则还不够，还必须满足时间要求，否则其他的绩效目标都缺乏有效性。在公司管理中，作为管理者经常会遇到一个问题，就是安排给下属的任务往往不知道什么时候才能收到反馈，很多时候管理者在部署任务时也没有明确时间节点，就会造成工作效率低下，这也是管理过程中的疏忽和漏洞。

例如，在呼叫中心，绩效目标要求在下班前或者本周星期几的几点将质检的错误率下降到1.5%，那这个时间就是时效性要求。没有时效要求的目标没有办法考核，或会带来考核的不公平，也会导致上下级质检人员对目标轻重缓急的认识程度的不同，引发质疑和冲突。

其三，执行原则。KPI考核能否成功关键在于执行，所以企业应该形成强有力的执行文化，不断消除在实施KPI考核过程中的各种困难和障碍，使KPI考核真正成为推动企业管理创新和提升效益的有效手段。

（4）KPI 在绩效考核中的应用

1）常见的绩效考核中的 KPI 见表 1-11。

表 1-11　常见的绩效考核中的 KPI

成本指标 Cost	质量指标 Quality	生产效率指标 Productivity
每通电话成本	质量分数	处理量/（人·月）
每分钟电话成本	客户满意度	人员利用率
	重复处理率	
坐席指标 Agent	服务水平指标 Service Level	话务指标 Call Handling
工时利用率	平均应答时长	平均处理时长
人员流失率	放弃率	通话时长
客服代表占比	服务水平	话后处理时长
员工任用期	平均等待时间	一次性解决率
员工满意度	平均保留时间	自助服务率
考勤	客户耐心度	转接电话率
培训时间	忙线比	
遵时率		

2）KPI 中绩效考核指标的价值。了解各指标的价值，能够帮助管理者快速地确定每一个指标所反映出来的信息，从而能够快速地根据项目情况确定绩效考核的 KPI。绩效考核指标的价值见表 1-12。

表 1-12　绩效考核指标的价值

指标	价值体现
客户满意度	客户忠诚度的驱动因素。满意的客户会多次购买，同时也会向更多人推荐
员工满意度	满意的员工会让人员流失率降低，提高客户满意度及生产效率，更好地提高呼叫中心的整体绩效
人员流失率	能够反映出呼叫中心正向积极/负面消极的一些因素，过高的流失率将产生较高的成本付出，管理和保持适当的流失率意味着更有经验的员工队伍、较低的平均处理时长、更高的服务质量

（续）

指标	价值体现
服务水平	比较准确地衡量客户的体验，是预算编制及资源规划的关键指标
平均应答时长	与其他指标一起来评估呼叫中心的绩效表现（单一指标不能很好地反映典型的客户经历）
放弃率	与其他指标一起来评估呼叫中心的绩效表现，不提倡独立地看待放弃率指标
电话接听质量	对客户服务质量的衡量用来加强和改善培训．识别企业范围内的问题等
首解率（一次性解决率）	作为阶段性指标具有非常重要的意义，能够提升客户满意度，改善成本效率
预测准确率	准确的业务量预测是业务计划制定、预算编制和人员排班等工作的关键前提
工时利用率	会对服务水平产生重要影响，是所有呼叫中心都应该重视的核心指标，并可作为坐席的个人绩效考核指标
坐席占用率	坐席占用率对于预算编制和资源计划是很关键的指标，也是影响员工流失的关键指标之一
平均处理时长	精确的平均处理时长预测对于资源计划、预算编制、预排培训时间等都是非常关键的
实际执行与预算对比	假设预算的编制是为了满足呼叫中心的运营需求，确保运营目标的实现以及对企业整体战略的有效支持

3）绩效考核指标在应用时需要注意的问题

一些绩效指标具有相互关联的绩效驱动因素，例如，通过对客户满意度的驱动因素进行分析、发现首解率是与客户满意度关系最为密切的呼叫中心测量指标，同时，提高首解率也是降低运营成本的方法。

除了指标之间的相互关联，还有一些成反比关系的指标：服务水平与坐席占用率之间就存在这样的关系。提高服务水平，意味着增加人员，让更多人员来处理和完成同量的工作，结果是每人都不会很忙，坐席占用率也就比较低。同样，如果提高坐席占用率，意味着减少人员投入，结果是每个人都要做更多工作，减少空闲时间，但是这样一来会影响服务水平，恶化下去，就会导致坐席流失率的提高。由于两者之间是成反作用的，所以不能期望同时改善这两个指标，甚至不能在保持一个指标不变的情况下，改善另一个指标。在进行人员配置和排班，以及设定服务水平时，应确保对坐席占用率指标的关注，并找到某种平衡。

此外，许多指标之间也存在着潜在的冲突，例如，强调平均通话时长而使客户满意度下降，强调服务水平而影响平均应答时长，造成员工超负荷的工作，直接影响人员流失率。

（5）绩效反馈

绩效反馈是绩效管理过程中的一个重要环节。绩效考核本身不是目的，而是一种手段，进行绩效考核的根本目的，是通过明确员工和组织的绩效现状与各项绩效标准之间的差距，对错误的和有缺陷的工作行为进行修正，从而改进和提高员工个人和组织的整体绩效。总结起来，绩效反馈的主要内容和目的有以下几方面：

1）将绩效结果反馈给被考核者。

在进行绩效反馈时，首先要将最终的绩效考核结果告知被考核者，且预测可能产生的影响（如提升、加薪、换岗等），同时接受被考核者的质疑和申诉，如有必要，需重新调整和修正绩效评价结果。

2）肯定成绩，激励被考核者继续努力和提高绩效。

强化激励理论认为，对一种行为的肯定或否定的后果（报酬或惩罚），至少在一定程度上会决定这种行为在今后是否会重复发生。根据强化的性质和目的，可把强化分为正强化和负强化。在管理上，正强化就是奖励那些组织上需要的行为，从而加强这种行为；负强化就是惩罚那些与组织不相容的行为，从而削弱这种行为。

在进行绩效反馈时，根据强化激励理论，将焦点集中在找出绩效中存在的问题的同时，也应注意对员工有效业绩的认可，肯定员工所取得的成绩，使员工充分认识自己的成就和优点，激励员工继续努力和提高绩效。此外，并不只是寻找员工绩效的不足，还增加了绩效反馈的可信程度。

3）探讨和分析影响绩效完成的主要原因。

为了有效地改善员工不良的绩效，管理者应与员工一起探讨和分析影响绩效完成的主要原因，然后就如何解决这些问题达成共识，为有针对性地进行指导、制定绩效改进计划提供依据。

4）向被考核者传递考核者和组织的期望。

在进行绩效考核的最后，管理者必须向被考核者传递考核者和组织的期望，指出员工有待改进的方面，并就下一步的绩效目标达成一致。在传递期望时，管理者要建设性地进行批评，指出问题和不足，即使是表现优秀的员工，也有需要做得更好的方面。在明确不足与差距后，依据考核者与组织的期望，管理者应与员工共同制定具体的绩效改善目标，然后确定检查改善进度的日期。

（6）绩效考核结果的面谈

绩效反馈主要通过绩效面谈的方式进行。在每个月、半年、年终考核周期结束后，考核者与被考核者都要进行面谈，半年、年终还需要详细填写绩效面谈记录表，依据面谈结果评价员工绩效考核体系对企业发展目标的有效程度，并在此基础上对系统作必要的修订。

绩效面谈既是一种机会也可能是一种风险。由于管理者必须传递表扬和建设性批评两方面的信息，这使管理者与员工双方都有"动怒"的时刻。在这样的谈话中，管理者主要关注的是既强调员工表现中的积极性方面，同时就员工如何改进进行讨论。

（7）绩效考核结果的申诉

员工如对绩效考核组织流程、结果等有异议，可以通过以下绩效申诉程序进行申诉：

1）向考核小组提出申诉材料包括相关依据。

2）考核小组审核被考核者申诉材料，调查相关情况。

3）如申诉属实，可以采取重新考核、调整考核成绩等方式解决，并应对相关责任人进行处理。

4）绩效申诉是员工的合理权利之一，企业相关考核部门应对绩效申诉给予正面答复。

任务拓展

1. 实训任务：根据任务要求完成相关的制度。

2. 任务形式：每个人独立完成，提交 Word 文件。

3. 任务时限：30min。

4. 任务要求：

1）制定一个有效提升 AHT 的激励制度。

2）为班组长制定一个评级制度。

3）结合坐席代表绩效考核办法中的 KPI 制定一个处罚制度，目的是促进 5 个指标的达成。

任务3 呼叫中心流程管理

任务情景

总经理：花花，我看你最近的工作状态不太对，是遇到什么困难了吗？

花花：领导，我最近忙得晕头转向，新业务上线，琐碎的事情太多。一会儿处理培训部的事情，一会儿还要向甲方汇报，最麻烦的就是到现场巡场，各种业务问题都需要我来处理，每天都忙得手忙脚乱。

总经理：项目初期出现这种情况也算正常，员工对业务不熟悉，知识库建立不完善，各部门之间配合也不是很流畅。不过我倒是提醒你，这也是进行流程管理的好时候，问题暴露出来才能通过流程去优化。

花花：是的，项目刚开始运作是设定了一些基本流程，现在看来确实需要进一步优化了。这不，我来向您请教了。您帮我提提建议。

总经理：好的，咱们一起来商讨吧。

任务分析

企业的流程是指围绕企业目标有序地进行一系列活动以产生某种特定结果的过程。这个结果可以是一种有形产品，也可以是无形的服务。在呼叫中心则主要为后者。在一个设计完整的流程中，每一个活动都是建立在前一个活动结果之上并对整体结果产生作用。人们一听到流程就会片面地认为是业务流程，其实管理流程的建立也是呼叫中心运营管理者的必备能力。管理流程要具有连续性与可重复性。

流程也并非仅限于第一步做什么、第二步做什么，通常一个完善流程的建立要包括制度、流程、管理工具3个要素。这里的管理工具通常是指制度流程下的工具载体，如表格、表单、报表、信息记录等。

本任务主要结合天天出行这一项目案例，讲解呼叫中心常见的业务流程和管理流程的建立原理及注意事项，从而能够独立管理流程体系，并能够找到持续优化流程的关键因素。

任务实施

1. 认识常见的业务流程

无论在生活还是工作中，都有一个"先做什么、接着做什么、最后做什么"的顺序，这就是生活中的流程，只是没有用"流程"这个词汇来表达。

呼叫中心的日常工作中包含了各种各样的工作流程，如受理查询、登记预约、受理报名登记、受理订单、预定产品、客户服务热线接听、账务查询、货品跟踪、受理技术支持热线、投诉处理等。这些流程是基于业务特性、客户沟通策略、客户关系管理等要求来制定的。通常每个业务流程下都会有相应的流程话术来支持流程的执行。

在呼叫中心日常工作中，执行这些业务流程的人往往是呼叫中心的一线工作人员——坐席代表。所以坐席代表的业务执行能力决定着呼叫中心的整体工作效率，也会影响坐席代表个人的工作效率。流程的严格执行同样也会给客户留下一个良好且专业的印象，提高企业专业程度和企业形象。

下面举两个例子，来直观地认识工作流程。呼入业务的工作流程如图1-2所示。

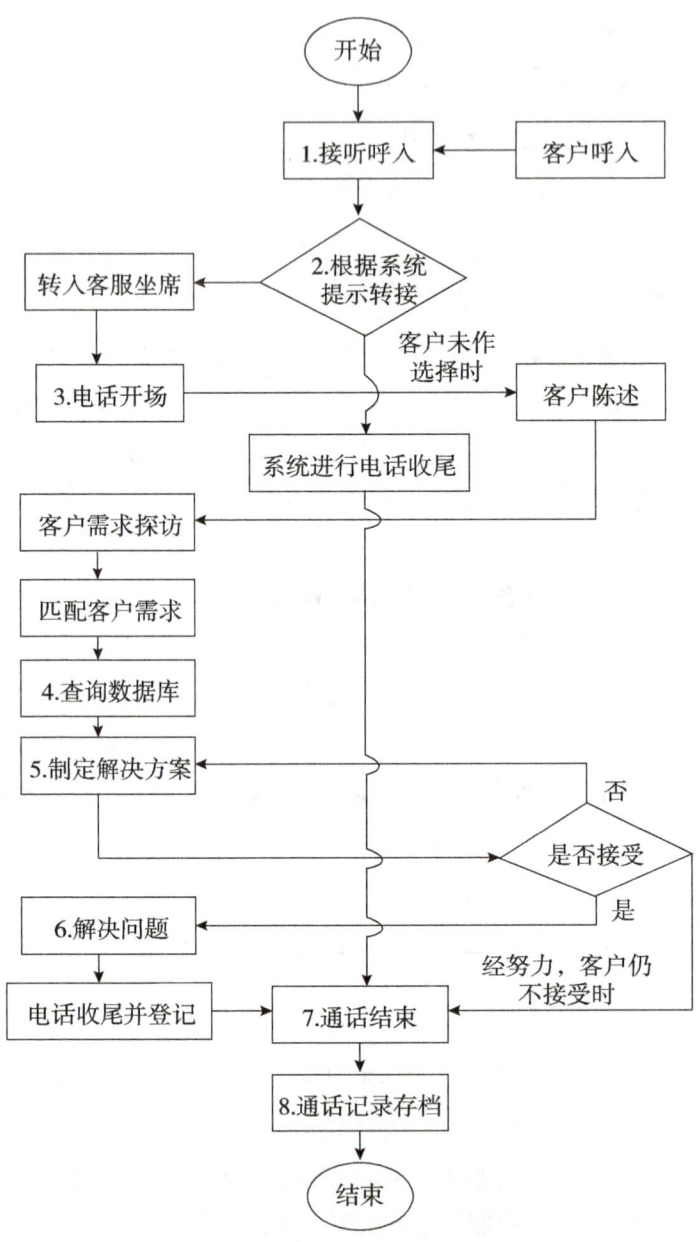

图1-2 呼入业务的工作流程

呼出业务的工作流程如图 1-3 所示。

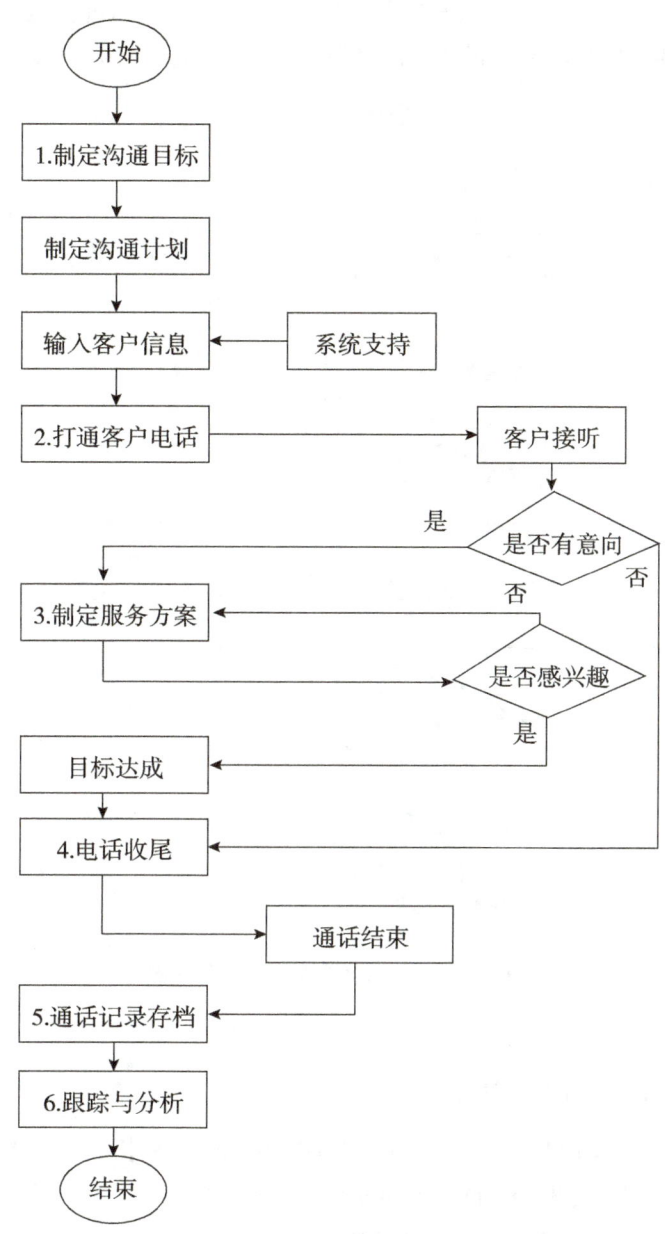

图 1-3　呼出业务的工作流程

业务流程通过呼叫中心业务系统规划设计好整个业务流程的流转，通过坐席代表来操作执行。合理的流程设计不仅能够提高工作效率，还能提高客户的服务体验和客户满意度。

2. 认识常见的管理流程

想要呼叫中心业务运营良好，仅靠完善的业务流程是不够的，呼叫中心的核心是管理，管理同样需要设定流程，如人员编制管理流程、增加编制申请流程、招聘流程、新员工试用期满转正流程、考勤管理流程、员工加班申请流程等人力资源相关管理流程；出差审批流程、费用报销审批流程、用印审批流程、付款申请流程等日常管理流程及财务流程等。

下面举两个例子来直观地认识管理流程。

坐席代表转正申请流程如图 1-4 所示。

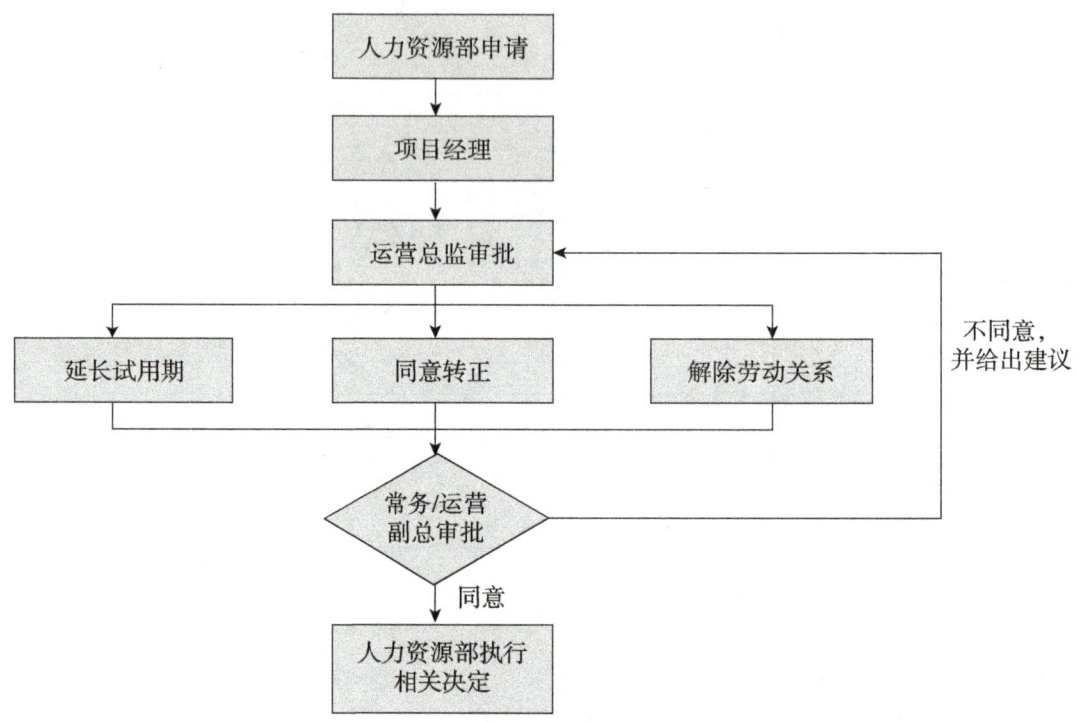

图 1-4　坐席代表转正申请流程

工资发放申请流程如图 1-5 所示。

这些流程的设定直接影响着工作效率以及部门间的配合衔接。良好的管理流程设定，可以使流程清晰明了，可执行性强，同时又具有可监控性的特点。工作中出现问题可以快速找到问题根源，有利于解决问题和进一步优化流程。

3. 认识岗位工作流程

除了业务流程与管理流程外，很多呼叫中心还设置了岗位工作流程，也可以叫作岗位工作手册。岗位工作流程是明确某一个岗位职责的前提下，结合日常工作总结出来的工作内容及工作规范。岗位工作流程的优点是新员工可以凭借手册快速熟悉日常工作，每一个岗位随着时间的沉淀，积累出大量的工作经验，形成流程和手册。缺点是如果不及时更新就会留存于形式，也会让员工缺少灵活性和创新动力。举例如下。

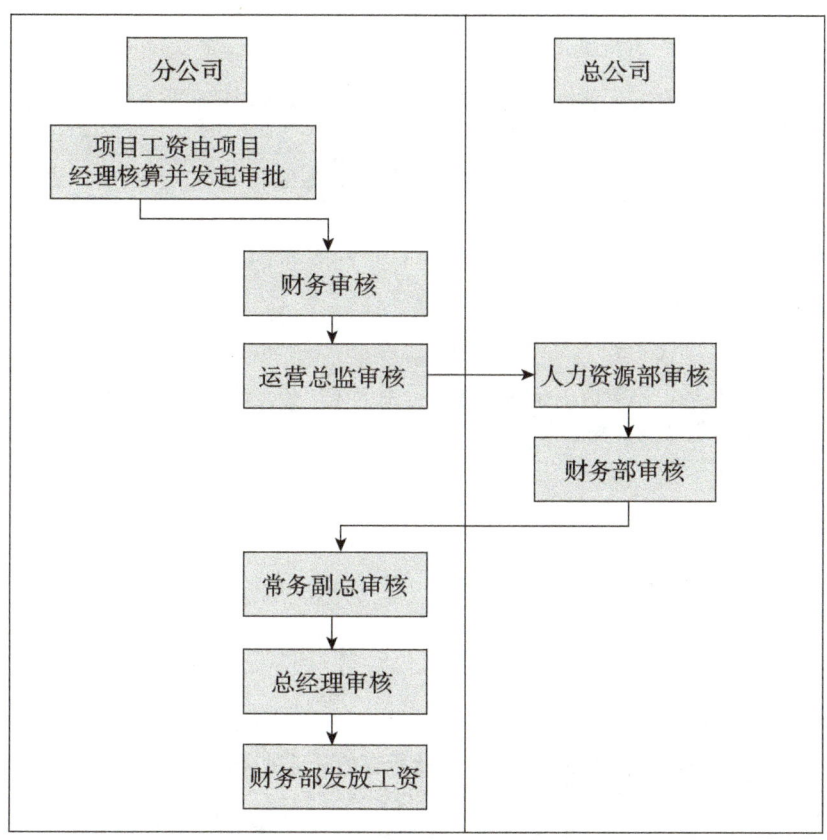

图 1-5　工资发放申请流程

举例一：

天天出行项目班组长工作手册

一、岗位描述

职位目的及工作职责

1. 职位目的：管理一个小组并带领所属团队达成预订的目标

2. 工作职责

1）管理本组员工，完成预定的 KPI。

2）训练其所属员工，保证所有员工适岗。

3）辅助质检部门完成所属员工的质量监控工作，发现问题并及时解决问题。

4）管理本组员工对于公司规范和纪律的执行情况。

5）记录本组员工的出勤状况，并上报上级主管。

6）根据现场主管的安排，制作时段报表。

7）积极处理所在小组组员提交的与业务相关的疑难问题。

8）不传递消极信息。

3. 工作时间：采用综合工时制，每周上 5 天班，每天的工作时间根据其所在小组排班执行，需要按照预先制定的排班表来上班。

4. 工作负荷：组长的工作负荷要求达到 95% 以上，即组长用于工作的时间占总出勤时间的 95% 以上。

5. 决策权限：管理所属员工。

6. 直接上级：项目主管。

7. 任职资格

教育经历及工作经验：中专以上学历，具有一定工作经验，在项目组从事一线工作不得低于 2 个月。客户信息服务专业毕业优先。

8. 应具备能力

1）计算机使用能力。

2）熟悉计算机操作系统。

3）能够正常开关机。

4）熟练使用 Excel 和 Word。

5）能够正常使用 PPT。

6）电话系统的使用能力；在电话系统上完成所有的关键业务流程工作：登录、退出、专题选择、功能选择、数据填写、业务完成保存、数据状态保存等。

7）熟练使用复查系统，能够准确定位到某条录音。

8）熟练使用报表系统。

9）良好的口头表达能力。

10）发音清晰正确，语言流畅。

11）能够准确表达自己的意图，向员工准确讲解业务知识，公司制度等培训资料。

12）理解能力与沟通技巧：清晰、准确表达自己的思想，获得客户的认可；准确理解客户的问题，包括客户的潜台词；能够与其上级充分沟通，准确掌握上级派发任务的目的以及期望的结果；能够通畅地与下级沟通，将公司和项目的制度和政策等准确传递给一线，并及时发现和解决员工存在的疑问，同时及时将自身无法解决的问题传递给上级。

13）良好的问题解决能力：能够利用 FAQ 和知识库解答一线员工遇到的疑难问题，并将 FAQ 或知识库中没有的问题及时传递给业务主管；及时发现员工业绩中存在的问题，并制定针对性的业绩提升方案；及时发现并解决员工存在的心理和情绪方面的问题。

14）很好的客户服务礼仪：掌握电话业务的客户服务礼仪；具备准确讲解客户服务礼仪的能力。

15）监控能力：熟练使用监控工具，掌握"录音评估表"的评分标准；按照流程监控，了解员工的工作状态并发现问题。

16）绩效分析能力：了解业务报表的组成，清楚各 KPI 的定义以及计算方式；通过绩效分析，对员工进行绩效监控。

17）员工辅导能力：有能力对监控中发现的问题制定改善计划，并跟踪改善结果；适时对一线员工进行肯定和激励。

18）中文录入速度为 60 字 /min。

19）自律能力。严格遵守相关规定，为一线树立楷模。

20）学习能力。有能力不断学习业务所需的新技能，具有良好的自我调节和承压能力。

21）对业务知识和业务流程有充分的了解。

二、岗位绩效及考核指标

（一）岗位工资绩效结构

基本工资 + 岗位工资 + 福利补贴 + 绩效工资 + 奖金提成；试用期为 2 个月。试用期考核标准为绩效达成的 85% 以上。

绩效结构：

1）小组话务量达标率占绩效工资的 40%。

2）工单驳回率占绩效工资的 10%。

3）小组质检达标率占绩效工资的 30%。

4）组出勤率占绩效工资的 5%。

5）一线问题解决率占绩效工资的 15%。

（二）考核指标

1）小组话务量达标率：一线坐席话务量标准为 90 通 / 天，小组月达标率为 95% 以上。

2）工单驳回率：一线坐席工单驳回率为 < 5%/ 月，小组月达标率为 95% 以上。

3）小组质检达标率：一线坐席质检达标率为 90%/ 月，小组月达标率为 95% 以上；

4）组出勤率：组出勤率要求在 95% 以上，员工年休假、病假不计入出勤率。

5）一线问题解决率：组长负责一线提交问题的解决，当天问题解决率不低于 90%。

三、工作内容、方法、流程

（一）如何制作报表（此处内容较多，故省略，关于报表制作请参考本教材其他教学内容）

（二）如何进行员工谈话：班组长应时刻关注员工表现，确保小组工作氛围积极向上。发现问题及时与员工进行谈话，发现并解决问题

沟通目的	沟通类别	谈话思路	问题发现
改善绩效	绩效问题沟通	1. 总结近期工作 2. 给予赞扬（哪些方面有进步、工作态度肯定等） 3. 找到问题切入主题，使其承认不足并在主观意愿上同意改进 4. 制定改进方法、目标及时间 5. 给予鼓励，谈话结束	根据话务报表及质检成绩发现问题

（续）

沟通目的	沟通类别	谈话思路	问题发现
员工关怀	生活方面	了解情况，给予安抚，视情况上报领导，共同商议解决方案	得知员工家庭或个人出现重要事件时
	精神面貌	1. 态度平和，表现出沟通诚意 2. 认真倾听，找到问题关键点；倾听其自认为的解决方法 3. 根据情况给予解决；就事论事，以理服人获得肯定 4. 给予鼓励	工作绩效降低、投诉增加或遭遇投诉后传播负面信息、日常表现低迷
例行谈话	新人入职谈话	1. 介绍小组情况 2. 介绍工作情况 3. 制定初步目标计划 4. 给予鼓励，帮助其尽快融入团队	

1. 谈心频次：每月与员工一对一交流1或2次

2. 谈心注意事项

（1）要有诚心

作为管理者，若要与员工谈心，就必须具有帮助员工的诚意和关怀员工的感情。有了这种诚意和感情，与员工谈话时才能推心置腹，说出的话才能打动、感化员工。在具体谈心中，管理者一定不能摆出领导架子，不可厚此薄彼，而要一视同仁。要多与员工进行换位思考，设身处地为员工着想。这样，管理者往往会发现站的角度不同，了解的情况也不同；认识问题的方法和出发点不同，得出的结论也截然不同。因此，只有诚心诚意地与员工谈心，同员工交心结友，才能真正了解其内心世界，从而及时、准确地教育和引导员工。

（2）选择一个私人的时间，空间

谈心要借助一定的时间、在一定的环境里进行。一些管理者习惯在上班时把员工叫到办公室谈心。殊不知，在办公室里，员工的心灵大都是封闭的，不论是苦口婆心地说教，还是规章纪律的教导，都不会产生良好的效果。因此，谈心应尽量选择在比较私人的时间，地点应该尽量避开办公室。这样的时空选择不会让员工有工作交流的感觉。当员工置身于轻松的环境中，也自然容易交流。

（3）耐心倾听，弄清情况

为了弄清原因，作为管理者，在与员工谈心时，一定要耐心倾听。倾听时，一般要做到少讲多听，不要打断对方的讲话；设法使交谈轻松，使倾诉的员工感到舒适，消除拘束；表示出有聆听的兴趣，不要表示冷淡与不耐烦；尽量排除外界干扰；站在员工立场上考虑问题，表示出对员工的同情；控制情绪，保持冷静，不要与员工争论；提出问题以示你在充分倾听和求得了解；不要计较员工口气的轻重和观点是否合理。

（4）以积极的方式结束谈心

谈心结束时，管理者应起身，或紧握员工的手，或拍拍对方的肩，语气亲切而诚恳地说："同你聊天使我了解了很多事情，谢谢！""所有的问题都能解决，真令人高兴""忘记过去吧，相信今后我们之间会配合得更好！""辛苦了，好好干吧"等。这样可使谈心更加完美，效果更加好，同时注意要适当激励。

（5）注重反馈

不同类别的沟通流程中最终都会归结到反馈这一点，这也就充分说明了反馈在沟通中的重要性。

无论是员工主动提出的问题还是管理者主动与员工沟通的问题，能够现场答复的务必要现场答复，且要有后续的落实结果，不能够现场答复的，后续也必须有反馈和执行落实。否则"石沉大海"的沟通将会是一次失败的沟通，其后续的连锁反应"员工沉默"将会对运营管理造成致命的影响。

总而言之，要让员工感受到被重视、被关心、被理解；让他们有苦闷有人诉说、有困难有人帮助、有可乐之事有人分享。换言之，所有的管理者希望自己上司如何对待你，你就要如何去对待自己的下属。

（三）如何做质检

详见质检方案。

（四）如何进行现场监控

1）通话时长：通过系统监控功能了解员工通话情况，发现通话时长超出5min者可进行监听或直接了解情况，第一时间给予组员支持。

2）排队监控：发现有客户排队较多时，要当机立断。让处于忙碌状态的组员将手头工作滞后，确保排队电话及时接起。

3）小休时长控制：合理安排员工小休，根据电话量而定。空闲人数多时可安排员工谈话、团队建设。

4）行为监控：对组员的工作行为进行监控管理，及时发现及时处理，并做沟通。

5）现场气氛调动：当发现员工士气低迷，工作压力突增时，应及时进行气氛调动。

（五）如何审批组员请假

员工请假传达的信息：第一，确实有事或身体不适；第二，员工心态和情绪出现问题；第三，频繁请假的组员可能有离职倾向。具体情况的决策如下：

1）员工请事假：首先判定请假原因的紧急程度，之后看小组的达标程度以及近期话务量。如果事情不是很紧急且工作较忙，则说明原因并建议择日再休。如事情紧急且属实，则要求其填写请假单，之后由班组长找主管审批。需要注意如果不批假，会对员工心态产生多大的影响。

2）员工请病假：情况属实则批准并表示慰问。如明显是借口，需要进行谈话找到原因。针对具体情况自行解决或寻求主管帮助。

3）员工心态或情绪有问题要求请假：首先进行谈话，了解情况，共同商议解决方法后可以批准帮助申请批假。

4）员工请假频繁：方法同上。具体是否审批应交主管决定。情况严重可要求主管与其面谈。

（六）业务流程执行

详见业务培训手册。

（七）如何进行员工激励

呼叫中心员工激励的方法很多，在此不进行过多介绍。要求班组长在行业网站中自行学习。下面提供几种常见的激励方法：

1）目标激励法指确定适当的目标，诱发人的动机和行为，达到调动人的积极性的目的。目标具有激励的作用。例如，给予客服人员目标绩效或方向，并以团队合作方式来完成，且于活动开始制订出最高荣誉的奖励方式。

2）荣誉激励法。从人的动机看，大部分都具有自我肯定、争取荣誉的需要。在荣誉激励中还要注重对集体的鼓励，以培养团队的集体荣誉感和团队精神。

3）创建内部通信电子刊物，把好的员工的优秀表现定期分享给大家。

4）客户或组长的表扬信在最醒目的地方给予张贴。

5）肢体语言激励，如拍肩膀等。

6）执行公司设定的其他激励方法。

（八）如何进行员工辅导

员工辅导的精髓在于班组长能够在工作中发现问题，并找到该问题出现的原因。之后制定辅导方案，最好的辅导方式是任务驱动。对于员工的不足之处，设定相应任务供其完成，以达成辅导目的。

（九）应急事件处理

1）7×24系统网络延迟高或失效：

➢ 判断网络是否正常，打开其他网站以测试网络速度。如是网速原因导致，检查现场是否有人打开与工作无关的网络软件并关闭。如仍不能解决，拨打宽带供应商（联通）电话寻求解决。

➢ 如判定为系统本身原因：重启VOIP语音网关，断电再接通电源。如仍未解决，拨打系统供应商电话：4000000***。

2）后台系统或官网故障：首先告知一线坐席统一口径"系统升级"，后记录客户信息及要求，故障恢复后处理并回复。之后联系总部通知维修并获取最新信息。注意：一定确保电话接起。

3）黑客侵袭：如故障是黑客侵袭导致，并且黑客来电话。务必保持长时间沟通，搜集黑客QQ、手机、邮件等联系方式。询问其目的。后告知运营主管。

举例二：呼入业务工作流程关键节点说明（见表1-13）

表1-13 结合呼入业务工作流程产生的呼入业务工作流程关键节点说明

关键节点	相关说明
1	（1）客户打入呼叫中心 （2）呼叫中心系统自动接听客户呼入，进入自助服务系统
2	（1）客户可根据需要选择按键进入邮轮、旅游或自由行专席 （2）若客户选择相应人工服务，则呼叫中心系统自动转接到人工坐席
3	（1）坐席专员应自报（软件自动报工号），采用文明、统一的开场白 （2）坐席专员应仔细询问客户需要了解的服务、解决的问题或是投诉 （3）坐席专员应掌握提问技巧，引导出客户的真实需求并注意礼貌用语
4	坐席专员应查询官网、系统平台等数据库

（续）

关键节点	相关说明
5	（1）了解到客户真实需求后，坐席专员首先礼貌安抚客户 （2）坐席专员针对客户的问题，进入呼叫中心客户数据库查询客户需要的相关内容 （3）坐席专员向客户提供相应解决方案，具体如投诉建议解决方案、业务查询办理解决方案、业务咨询解决方案等
6	（1）如果客户认可并接受解决方案，则按此方案解决客户问题 （2）如果客户不满意解决方案，则坐席专员继续优化解决方案，直至解决客户问题为止 （3）如果客户一直不认可解决方案，则坐席专员可向上级主管或相关部门寻求帮助，并承诺客户问题解决的时间
7	（1）客户问题解决之后，坐席专员进行礼貌的收尾 （2）收尾包括结束和引导客户进入另一对话渠道，应从用语规和业务技能掌握两个方面控制 （3）坐席专员做好此次呼叫登记工作的记录，以便于查询，或是方便当时不能马上处理的问题的后期跟进工作 （4）呼叫中心系统结束本次通话
8	通话记录由系统软件记录以供管理部门检查

举例三：呼出业务工作流程关键节点说明（见表1-14）

表1-14　结合呼出业务工作流程产生的呼出业务工作流程关键节点说明

关键节点	相关说明
1	（1）坐席专员根据业务需求设立呼出目标 （2）坐席专员根据目标确定沟通目的、对象和时间后，制订具体的沟通计划 （3）坐席专员对要呼出的客户详细信息进行了解，并将信息输入呼叫中心系统
2	（1）坐席专员礼貌开场，表明身份和目的 （2）坐席专员引导客户的需求和意向 （3）如果客户在坐席专员的多次引导下，均表示没有需求和意向，则进入收尾，并记录下客户不感兴趣的原因
3	（1）坐席专员结合客户需求和公司业务，为有需求意向的客户设计个性化的服务方案 （2）如果客户对服务方案感兴趣，则目标达成；如果客户对服务方案不感兴趣，则坐席专员可以优化方案，直至客户满意为止 （3）如果客户最终不满意服务方案，坐席专员应详细记录原因

(续)

关键节点	相关说明
4	（1）坐席专员为客户讲解方案完毕，礼貌地进行收尾 （2）呼叫中心系统结束本次通话
5	通话记录由系统软件记录以供管理部门检查
6	（1）坐席专员应定期对呼出业务做总结和分析 （2）坐席专员对成功沟通的客户进行后期服务跟踪，对沟通失败的客户进行原因分析，以期下次改进

4. 流程设计的基本原理和工具

流程图的呈现仅仅是流程管理的一部分，全面的流程管理由制度、管理工具、流程图3个部分构成。其中制度是流程管理的核心，管理工具是起到管理制度落实的辅助工具，流程图是直观的体现。

流程图的制作通常使用的是Microsoft Visio工具。树状图代表了在各个环节上具体工作的表现与递送。通常用圆圈代表起点与终点，方块代表任务，箭头代表关系，菱形则表示决策分叉点。制定流程前期需要梳理思路可以使用思维导图类工具，如MindLine、MindMaster、MindMap、XMind等软件。

必备知识

1. 认识客户中心的流程和流程管理

在客户中心，流程是非常重要的。对呼叫中心而言，服务是不同的人在不同的时间应对客户不同的需求完成的，但是服务工作的效果是希望保证质量和效率的，这就需要把工作进行步骤分解，对每一个关键步骤制定要求，这就是流程化。

对于任何一家公司而言，都应该有一套规范的流程。这些流程包括关于公司政策、规定的手册。为防止争议，内容涵盖工作职责规范、突发事件处理方式、员工安全细则、福利待遇制定以及加班薪酬等细节。针对企业流程，一般将其按照功能分为业务流程和管理流程。其中业务流程是指面向顾客并直接产生价值增值的流程，管理流程是指控制风险、降低成本、提高服务质量、提高工作效率、提高对市场的反应速度，最终提高顾客满意度和企业市场竞争能力并达到利润最大化和提高经营效益的流程。

对于呼叫中心来说，还应该有一些特殊的规范流程，这些规范流程指导各岗位人员明确工作任务并相互配合。从另外一种潜在的效果来说,就是不论哪个人上岗,他只要能理解和读懂这些规范流程,就能开始这份工作。这些规范主要有两个部分,一部分为管理规范流程,一部分为服务规范流程。有了规范流程,呼叫中心的服务管理就有了基础和标准。这就是服务流程建立的必要性。同样,对于呼叫中心管理者来讲,尤其是大型呼叫中心的管理者,为保证管理的一致性,为设定一个管理工作的标准,也需要对管理类工作制定相应的流程。

(1)管理规范流程

管理规范流程是针对管理人员制定的,内容应该包括:

呼叫中心总体上的一些原则,是每个在呼叫中心工作和参与的人都应该遵守的原则。例如,一进入呼叫中心工作区域,任何个人通信设备必须置于无声状态。

各个管理岗位的工作职责、权限等,包括呼叫中心总经理、项目经理、坐席主管等对于工作应有具体的规定,例如,对于坐席主管审批下辖坐席代表休假的规定——"关于休假的审批,建议每天休假人数不要超过二人。休假要有书面申请(电话申请也应事后补发)。申请人应有后备人员计划,并提供本人有效联系办法。当一名坐席代表请假为一天以上时,要有书面后备人员计划,原则上要有后备上线人员。后备计划应列明进行项目联系人及联系办法、注意事项等"。

各个管理岗位的工作流程应细化到每天工作的内容和时间的分配,例如,对于品质管理人员有规定"每天早上8:00到11:00,必须有不少于2h的时间监听电话,中午12:00到下午1:00必须有不少于半小时的时间监听电话……"。一个管理人员的工作流程如图1-6所示。

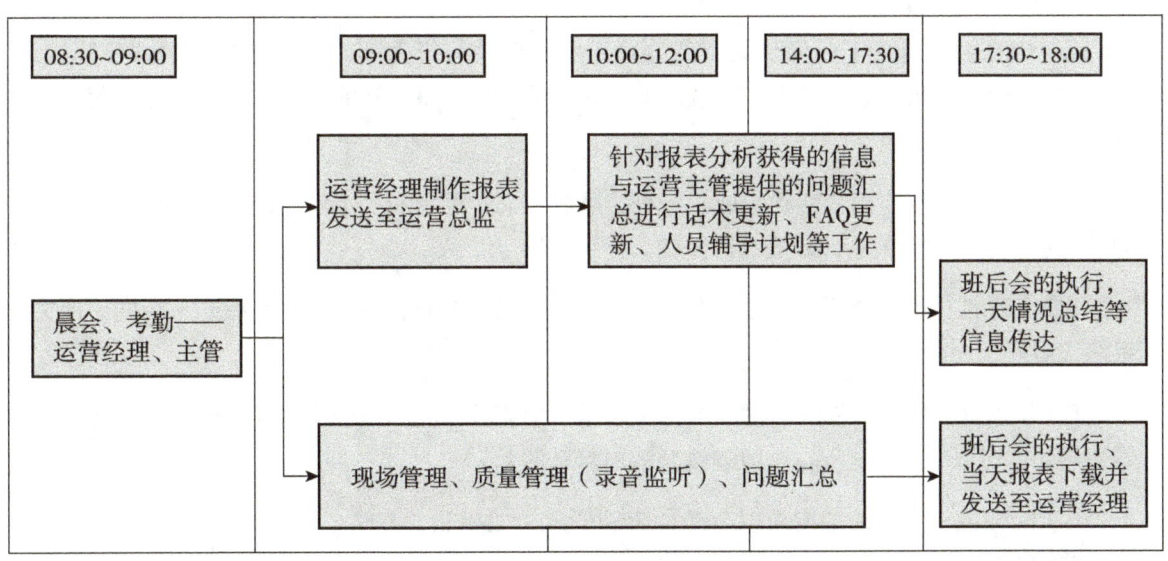

图1-6 管理人员工作流程

（2）服务规范流程

服务规范流程是针对客户服务人员制定的，内容应该包括：

呼叫中心对客服人员整体上的一些规范。例如，每天 log-in、log-out 系统的时间规定、上下班及排班规定、电话使用细则、计算机使用细则、穿着规定、请假规定、参加培训的规定等。

呼叫中心客户服务代表每日工作流程及系统操作流程，例如，遇到不同问题时电话转接的处理流程，可以设为："如果客户问及市场促销信息，请转给市场促销管理部，分机号码××××"。

上述两方面规范流程不仅可以以列出条目的形式来表现，也可以在很多具体操作规定上用流程图的形式来表现，总之能使阅读者越容易理解越好。

这些规范流程最终都应该编辑成册，如管理规范流程可以称作《管理手册》，服务规范流程可以称作《服务规范流程手册》，放于内部网上，便于查阅，并可根据不同类型的查阅对象设定不同的权限。

如果按顾客服务提供商标准（Customer Operations Performance Center，COPC），客户中心流程可以分为关键客户相关流程（Key Customer Related Processes，KCRP）和关键辅助性流程（Key Support Processes，KSP）。总体来说，无论是 KCRP 还是 KSP 都具有以下 6 个特点：

1）目标性：有明确的输出（目标或任务）。这个目的可以是一次满意的客户服务，可以是一次及时的产品送达等。

2）内在性：包含于任何事物或行为中。所有事物与行为都可以用这样的语式来描述，"输入的是什么资源，输出了什么结果，中间的一系列活动是怎样的，输出为谁创造了怎样的价值。"

3）整体性：至少两个活动组成。流程，顾名思义，隐含着"流转"的意思。至少两个活动才能建立结构或者关系，才能进行流转。

4）动态性：由一个活动到另一个活动。流程不是一个静态的概念，它按照一定的时序关系徐徐展开。

5）层次性：组成流程的活动本身也可以是一个流程。流程是一个嵌套的概念，流程中的若干活动也可以看作子流程，可以继续分解出若干活动。

6）结构性：流程的结构可以有多种表现形式，如串联、并联、反馈等。表现形式不同，流程的输出效果也不同。

呼叫中心具有很多流程，为使制定的流程能够起到预期的作用，流程需要专门管理。一般流程管理主要是对呼叫中心内部进行改革，改变呼叫中心职能管理机构重叠、中间层次多、流程不闭环等，使每个流程可从头至尾由一个职能机构管理，做到机构不重叠、业务不重复，达到缩短流程周期、节约运作资本的作用。流程管理最终希望提高顾客满意度和公司的市场竞争能力，并达到提高呼叫中心绩效的目的。

在流程管理的过程中，需要根据一定的原则进行管理。呼叫中心内的一切流程都应以企业目标为根本依据；管理流程对外要面向客户，提高业务流程的效率；对内要面向企业目标，提高管理流程的效率，控制总体效率的平衡，实现呼叫中心总体绩效。同时，管理流程设计要体现全流程观念，而业务流程要形成闭环管理。

（3）流程管理的3个阶段

1）流程的创始阶段：就是流程的建立和规范。建立规范化流程，使工作例行化，并减少不增值的活动。

2）流程的量产阶段：进行流程优化。评估现有流程绩效，优化流程，提高流程的运作效率，降低流程成本，不断自我完善和强化呼叫中心的流程体系。

3）流程战略转型阶段：重新审视呼叫中心的流程并进行再设计。全面评估流程，根据战略重新设计和整合流程，不断适应新的战略和变化。

在管理的过程中，流程需要不断改善。一般依据企业目标制定呼叫中心每类业务或单位流程的改善目标。

2. 呼叫中心流程管理的5个关键环节

流程的管理包含几个环节：识别、设计、执行、控制和改善。

首先，要识别哪些工作是需要制定流程的。服务类流程中，呼叫中心服务于哪些客户，有哪些服务渠道和方式（电话、网络等），有哪些服务类别（咨询、预约、投诉等），从这些问题中，能识别出呼叫中心需要建立的服务流程有哪些。管理类流程中，招聘、培训、质控、话务量预测、绩效考核等都是需要建立流程的。

识别出需要制定的流程之后，接下来就需要设计流程了。设计中需要把握几点：符合实际、可操作性、有效性。在设计服务流程时，尤其要站在客户的角度去思考这样的步骤和程序是否有利于客户的体验。设计之后、执行之前，也可以在小范围内进行测试和检验，根据测试结果做适当调整，使设计的流程最合理。

接下来，就是流程的执行。合适的流程在设计时就考虑了实际的可操作性。已设计好的可操作性的流程要真正落实。

设计好的流程需要在使用者范围内进行培训，保证使用者正确理解和掌握流程。在执行的初期，尤其需要注意不同实施者理解和行为的一致。

执行过程中，如何控制好流程，也是一个需要关注的问题。不管是执行的初期，还是正常运营中的执行，都需要对流程的执行情况进行监控，保证实际的流程按照预先设定进行。例如，服务流程可以通过呼叫中心日常的电话监控去掌握流程的实施情况，不同人员在不同情况下是否按照相应的流程在操作，然后给予及时的指导和纠正。数据分析也是一个很好的方法，通过日常运营数据的趋势变化和分布等情况，可以察觉出流程是否在受控范围。控制图就是一个很好的工具。在控制流程的过程中，会发现原先设计的流程可能存在问题或不足，或随着时间的推移、情境的改变和要求的提高，原先设计的流程出现了不适宜的地方，就需要不断地改善流程，需要找出问题、分析原因、采取措施。只有不断地发现问题、找到问题的根本原因、及时采取有效的措施，流程才能够不断地改善，绩效才能不断地提高。

识别、设计、执行、控制和改善是流程管理的重要环节，只有一环扣一环，不断循环，呼叫中心的流程才能够保持有效，才能够在运营中发挥其重要作用。

3. 流程管理的优化误区

客服流程的规划是一个呼叫中心的生命线，它是客户服务中心内部和与其他部门沟通和配合的依据，将对客户满意度产生重要影响。当然，为了确保业务流程的执行，在规划客服流程时应注重具体流程的可操作性，并能根据业务规划不断改进和优化。

其实，在流程管理5个关键环节中，流程改善是最重要的，没有流程的优化，就无法实现TQM（全面质量管理），也就失去了流程的原本制定意义。但是在很多管理优秀的呼叫中心，流程定义得比较清楚，执行得也还不错，可是由于外部环境或业务的变化导致现在的流程不能很好地实现呼叫中心的目标，甚至如上述某管理人员一样遇到各种新的问题。因此流程优化的着重点在于针对所遇问题如何改进现有流程。

呼叫中心的不同流程，实际上就像是人体密布的各种脉络和血管，不能割裂看待。人体的一个地方出现病变，往往会导致其他部位出现问题。正是基于这一认识，不能"头痛医头，脚痛医脚"。对于呼叫中心的管理，必须要有全局性眼光，而对于呼叫中心的流程管理，则必须要用联系的观点对待，管理者必须跳出他所看到的单个流程。

下面以呼叫中心的监听电话流程为例：电话监听完成后，需要有一个监听结果的回馈流程，通过回馈流程，可以很容易地了解到目前员工普遍存在的问题，以及哪些是个别员工容易犯的问题。通过监听结果回馈，可以进行较为针对性的培训与辅导，同时通过分析监听结果和培训效果，又可以对整体培训内容和培训计划做相应的修正。通过培训发现，有些员工在处理电话上有明显进步，而同时，某些员工可能由于学历过低的原因，对于某些专业产品的培训，基本上都理解不了。因此需要对新员工招募标准做一定的调整。

这样看来，呼叫中心监听流程不但影响了培训和辅导，还影响了招募标准，甚至影响了系统改进。如果在进行呼叫中心监听电话的时候关注他们之间的联系，那么就不会只是因监听而监听，在呼叫中心运营管理中就更容易认识到不同岗位的人之间的配合和互相影响有多么重要。

流程优化注意事项：

1）流程的改进是在流程建立之后的一个周而复始的过程。

2）呼叫中心的流程要使其所面对的客户感到企业的服务非常合理、透明、有效，并越来越好。流程的优化要从客户的角度来看，而不是为了管理的便捷。

3）每个流程都有专人负责并在各岗位责任描述中有清晰定义。要记住流程管理是一个动态的过程。流程的制作通常应由一线经理执笔、二线经理审核把关，规模较大的呼叫中心应该经律师审核，具体操作应征询执行员工的意见。

4）流程的输入端要尽可能考虑周到。

5）定期的例会上，所有的流程管理责任人都要有机会回顾总结自己的主管流程，其他与会人也要将观察到的问题带到会议上。

6）对于这些规范流程，应相应地加强培训，对新员工要做相应培训，对老员工也应每隔一段时间做相应培训，以确保这些流程正确执行。

7）不断采用新技术。实现以客户为中心的客户互动流程，是以呼叫中心内部的运营管理变革作为基础的。如果目前呼叫中心内部的组织架构、岗位技能体系、培训体系、考核体系等不能支撑新的客户接触流程，就需要对上述运营管理体系进行大刀阔斧的变革。

在变革的初期，呼叫中心运营管理者很难说服企业的高层来获得公司战略层面的支持和资源投入上的保证，因此更需要有策略的开启这项活动。为了降低变革的工作量和风险，为了减少对现有业务的影响，可以采取循序渐进的方式，在获取初步成果的基础上坚定呼叫中心管理者变革的信心。

在建立客户导向的客户接触流程初期，可以设立一个小规模的综合坐席技能组进行尝试，针对这些坐席代表调整培训和考核体系，进而在实践中积累经验。同时，为了避免对呼叫接通率指标的影响，可以通过定义一些简单的客户筛选标准，如客户使用业务的时间长度、客户的消费额度等，将少量符合标准的客户路由到综合技能坐席，如果呼叫中心的上述小范围的尝试取得了预期的效果，则呼叫中心管理者可以形成量化评估报告，进而影响企业的高层管理者，以获得高层的支持。

开展的流程工作越深入，流程的潜能越大。为了保证持续、成功的流程开发与改进，需要考虑以下几点重要的核心问题：

1）流程一定是基于绩效管理的流程。

2）目标应该是明确和可衡量的。

3）保证管理者和员工对流程的承诺是必需的。

4）员工是宝贵的信息来源，他们的参与将非常有助于建立承诺并保障对变革提议的接受。

任务拓展

1. 实训任务：根据给出的电子商务客服工作流程（见图1-7）完成表1-15：电子商务客服工作流程关键节点说明。

2. 任务形式：每个人独立完成，提交 Word 文件。

3. 任务时限：20min。

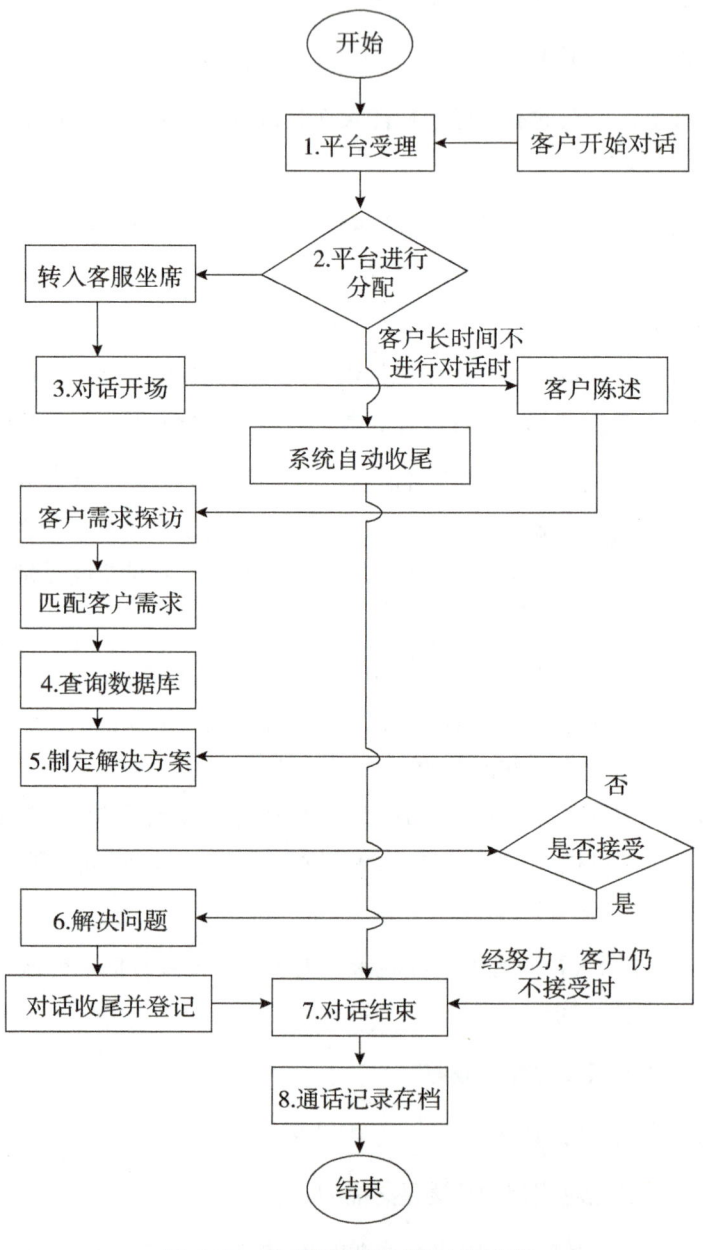

图1-7　电子商务客服工作流程

表1-15 电子商务客服工作流程关键节点说明

关键节点	相关说明
1	
2	
3	
4	
5	
6	
7	
8	

任务4 呼叫中心汇报管理

任务情景

花花：总经理您好，天天出行项目已经试运营两个星期了，我和下面的管理团队每天都忙得团团转，感觉工作开展起来乱糟糟，没有章法，很多事情交代下去以后我要是不主动问就很难得到工作反馈。您看项目流程也基本建立起来了，怎么感觉还是缺少些什么呢？

总经理：是不是你现在具备发现问题的方式，也能够找到解决办法，但是工作交代以后反馈很慢，有些时候还会忘记？

花花：是的是的，就是这个状态，每个人都很忙，但好像又没有忙在点儿上。

总经理：项目刚开始，有这种情况也正常，更何况你头一次独立带领团队做这么重要的项目。我建议你建立一套汇报管理制度。方便运营管理信息的收集、整理、制定解决办法、分工和反馈。配合你的绩效管理制度，很快就有效果啦！

花花：我怎么把这么重要的管理工作忘记了呢，还是缺少经验。您说的这个我会制定，我先拟定一个初步的草案，然后还需要您帮我把把关，提提建议。

总经理：好的，期待你的反馈！

呼叫中心运营质量的持续改进依托于完善的管理制度的建立，在众多管理制度中，汇报制度是运营管理数据整理、问题发现、解决问题的载体。汇报是记录呼叫中心各项工作过程和结果、承载各项运营管理数据，以及向公司相关部门传递业务数据和业务动态的主要方式。汇报中的内容和数据一方面是呼叫中心各项工作的体现，另一方面也可为公司提供用于市场决策的数据支持和内容依据。因而，对呼叫中心的各类报告实施有效管理，形成工作报告从制作、审阅、报送到归档整理的良好工作流程，已成为呼叫中心运营管理中非常重要的一环。

呼叫中心的汇报管理通常包括各类报表、例会、口头和书面4个部分。本任务主要讲解汇报制度的建立原理及注意事项，从而达到能够独立制定汇报制度并执行的能力。

1. 制定项目例会制度

例会是一级管理者部署、了解、检查、督促工作的重要管理形式和管理手段。例会根据周期的不同有季度例会、月度例会、周例会、日例会等；根据管理范围不同有公司例会、部门例会、项目例会等，甚至班组的班前会实际上也是例会的一种；根据会议形式的不同有正式会议、现场会议、碰头会等；而根据内容的不同，例会就更多，如经营管理例会、经济活动分析例会、绩效评估会例会、质量例会等。

虽然例会的周期、范围、形式、内容不同，但基本要求和注意事项都有共同之处：

1）例会的主题应明确：例会都应有相对明确的主题，相对固定的参会人员，相对结构化的会议流程。

2）例会的召开时间应严肃：例会按照其管理特性，是有较明确的时效性的，因此应按时召开，不能有时开，有时不开，即使因为情况特殊不开，也应在相关事项得到提前沟通落实的情况下，正式通知取消。

3）例会应注意效率：有话则长，无话则短，不要为开会而开会。

4）例会的重点要突出：必须紧紧围绕会议的主题以及和主题相关的工作目标的推进落实来开展。

5）例会的准备要充分：会前应根据会议要求做充分准备，避免会上无准备的讨论，无法形成会议决议，最好会前做具体议题征集和相关情况了解。

6）例会结论要明确：应针对相关事项的要求，做出明确的会议决议，形成会议纪要，并下发执行。

7）例会的要求要落实：例会不光是布置工作，同时也要检查工作，历次例会的要求都要在例会上跟进落实情况，情况变化了，需要及时调整要求，形成新的决议。

制定例会制度并不难，难点在于例会如何执行更有效果，下面将在必备知识中进行提及。以下是天天出行项目例会制度。

天天出行项目例会制度

此制度是为了传递天天出行项目相关通知，完善管理，适用于天天出行项目全体管理人员。

1 早晚班会

1.1 客服、组长每天提前15min到岗召开班前会，由本组组长主持召开简短的班前。

1.2 根据周盈亏目标制定每日工作量，并与员工在班前会上达成一致。

1.3 班前会上，组长将质检中发现的问题进行讲解指正、将业务变更做相关的培训、项目内部的相关通知向每位客服及时传达、并对客服进行激励演讲。

1.4 班前会上，由组长总结前一天的工作情况，并提出要求。

2 项目周例会

2.1 项目内部周例会定于每周二下午14：00召开，由项目经理主持，项目主管、质检专员全部参加。

2.2 项目经理总结上一周的工作情况，着重指出其中的优点和不足，带领参会人员进行分析讨论，总结经验，找出问题原因，并进一步提出工作要求。

2.3 项目经理将项目内部近期的重大活动、通知、指示进行传达，使项目管理人员及时了解项目内部各项工作的进展和业务发展情况。

2.4 项目管理人员对工作可以提出自己的意见和建议，再由会议讨论后确定工作方向。

2.5 各项目主管展示团队各项KPI完成情况以及完成KPI分析、下周工作计划。

2.6 质检专员展示上周每个团队质检合格率达成情况、质检合格率分析、重点问题描述。

2.7 对工作中遇到的问题进行交流探讨，寻找解决办法，并相互学习、帮助。

2.8 根据月度盈亏目标分解制定每个小组每周盈亏目标。

2.9 部署下一周的工作内容。

2.10 会议记录由天天出行项目主管、质检专员轮流记录，会后邮件发送项目质检、组长、主管、经理。

注：周例会时间建议控制在1h左右；会议前填写"会议签到表"。

3 项目月例会

3.1 项目内部月例会定于每月5号前召开，由项目经理主持，项目主管、组长、质检专员全部参加。

3.2 项目经理总结上个月项目的工作情况，着重指出其中的优点和不足，带领参会人员进行分析讨论，总结经验，找出问题原因，并进一步提出工作要求。

3.3 天天出行项目管理层展示团队各项KPI完成情况以及完成KPI分析、上月工作总结、下月工作计划。

3.4 质检专员展示上月每个团队质检合格率达成情况、质检合格率分析、重点问题描述。

3.5 对工作中遇到的问题进行交流探讨，寻找解决办法，并相互学习、帮助。

3.6 根据整个项目月度盈亏数据，制定本月盈亏目标到每个小组。

3.7 部署下一个月的工作内容。

3.8 会议记录由天天出行项目主管、组长、质检专员轮流记录，会后邮件发送项目质检、组长、主管、经理，抄送运营副总。

注：月度会议时间建议控制在 2.5h 左右；会议前填写"会议签到表"。

4 质检案例分享会

4.1 每组每两周开一次质检案例分享会，由质检专员主持，每组的客服、组长全部参加。

4.2 质检专员展示本组近两周每个人质检合格率完成情况、总结近两周出现最多问题。

4.3 质检专员根据最近出现的问题进行质检校准。

4.4 质检专员和组长对质检合格率较低的客服进行交流探讨，寻找解决办法。

4.5 会议记录由质检专员记录，会后邮件发送所有参会人员，抄送给项目主管、经理。

注：质检案例分享会会议时间建议控制在 45min 左右。

5 绩效沟通分析会

5.1 绩效变更会

5.1.1 月初绩效变更之前提前 5 天与考核人员沟通，由项目经理主持，每位考核人员全部参加。

5.1.2 绩效沟通完毕后在新绩效方案处签字确认。

5.2 月度绩效沟通会

5.2.1 每月 10 日发放工资之前，上级对下级进行绩效谈话，沟通绩效完成情况。

5.2.2 沟通内容：上月各项 KPI 完成情况、需要改善问题以及下月目标制定。

5.2.3 绩效沟通完毕后签署"绩效面谈表"。

注：月度绩效沟通会上每位员工沟通时间建议控制在 20min 左右。

6 运营部门例会

6.1 项目内部周例会定于每周五下午 14：30 召开，由运营副总主持，运营项目经理全部参加。

6.2 总结上一周的工作情况，就上周的工作情况交换意见，着重指出其中的优点和不足，参会人员进行分析讨论，找出问题出现原因，以及共同寻求合理的解决办法，并进一步提出工作要求。

6.3 就项目状态会将双方近期的重要通知和业务变动交换意见，使双方项目管理人员及时了解项目内部各项工作的进展和业务发展情况，由会议讨论后确定工作方向。

6.4 双方对工作中遇到的问题进行交流探讨，寻找解决办法，并相互学习、帮助。

6.5 例会中要确定下一步的工作内容。

会议记录由行政部记录，会后发送所有参会员工，并抄送运营副总、常务总经理。

会议记录

NO：

时　间		地　点	
主持人		记录人	
参加人员		会后签字：	

会议主旨：

预定讨论事项：

会议情形与讨论事项	结论与完成日期

2. 制定报表汇报制度

报表是记录呼叫中心项目各项工作过程和结果、承载各项运营管理数据，以及向公司相关部门传递业务数据和业务动态的重要载体。报表中的内容和数据既是呼叫中心各项工作的体现，又可为公司提供用于市场决策的数据支持和内容依据。

呼叫中心的报表按照报送的对象可分为内送报表和外送报表，按照报送的内容可分为绩效报表、业务报表和总结类报表，按照报送的周期可以分为日报、周报、月报、半年报和年报。主要为了及时、准确、全面了解项目运营现状，更好地发挥数据统计的服务及监督作用，促进业务运营水平的不断提升。

呼叫中心各项制度的报表制作及报表管理在《呼叫中心客户服务与管理（中级技能）》教材中有详细讲解，此处不做重点描述。

以下是花花总结出的天天项目各类报表及应用，见表 1-16。

表 1-16　呼叫中心常见各类报表汇总

序号	频率	报表名称	内容	格式	发送人	收件人	抄送人	截止时间
1	每日	工作日志	1. 当日工作完成情况 2. 早班会内容 3. 当日出勤 4. 未出勤原因（未出勤人员应在上班 1h 内取得联系，或联系其家人，确认安全） 5. 现场巡视情况 6. 人员辅导	Excel	组长、主管、质检	主管/项目经理	项目经理	下班后 1h 内
2	每日	组长录音监听	1. 完成指定组上个班次每人一条的录音抽测 2. 完成本组上个班次录音抽检的反馈，并及时对员工进行一对一辅导 3. 分析不合格录音原因	Excel	组长	运营组长（对应组长）运营主管	项目经理	次日 00:00 之前
3	每月	小组月报	1. 盈亏数据 2. 关键指标分析 3. 质检成绩分析 4. 人员分析 5. 本月工作总结（主要工作内容及措施、团队建设、现场管理、重点问题分析） 6. 下月工作计划，工作目标	PPT	组长	项目经理	主管	每月 5 日前

（续）

序号	频率	报表名称	内容	格式	发送人	收件人	抄送人	截止时间
4	每日	人力汇报	本项目每日人力情况、出勤情况	Excel	运营主管	人力资源	项目经理运营副总	次日10：00之前
5	每日	运营日报	1. 当天人员出勤情况 2. 各项KIP完成情况 3. 任务完成情况 4. 夜班统计	Excel	运营主管	项目经理	运营副总	次日10：00之前
6	每月	月报	1. 本月人员整体出勤情况 2. 项目KPI完成情况以及数据分析 3. 项目收入情况 4. 本月工作目标及重点工作 5. 下月工作计划 6. 人员情况及需求	PPT	运营主管	项目经理	组长	每月3日12：00之前
7	每日	每日盈亏表	1. 前一日订单处理量、项目收入 2. 夜班补贴 3. 员工工资、管理层工资支出 4. 项目摊销	Excel	项目经理	运营副总	总经理、财务	次日18：00之前
8	每周	周报	1. 本周人员整体出勤情况 2. 项目KPI完成情况以及数据分析 3. 下周工作目标及重点工作 4. 下周工作计划 5. 人员情况及需求	PPT	项目经理	运营副总	总经理、运营主管	每周一18：00之前
9	每月	月报	1. 本月人员整体出勤情况 2. 项目KPI完成情况以及数据分析 3. 项目收入情况 4. 本月工作目标及重点工作 5. 下月工作计划 6. 人员情况及需求	PPT	项目经理	运营总监	运营主管质检主管总经理总经理助理人力资源总监	每月3日12：00之前

（续）

序号	频率	报表名称	内容	格式	发送人	收件人	抄送人	截止时间
10	每周	质检周报	一周数据汇总、本周与上周质检合格率完成对比、重点问题强调、改善建议	Excel	质检专员	运营主管 项目经理	运营副总	每周二22：00之前
11	每月	质检成绩汇总表	坐席当月质检成绩明细单	Excel	质检专员	项目经理	运营组长 运营主管	每月1日20：00之前
12	每月	质检月报	质检数据汇总、每个团队质检数据分析、质检工作完成情况、工作中遇到的问题、工作安排	PPT	质检专员	运营组长 运营主管 项目经理	运营副总	每月3日20：00之前
13	每月	案例库	每日累计的经典案例	Excel	质检专员	运营组长 运营主管 项目经理	运营副总	每周二12：00之前

3. 制定工作汇报规范

如果说呼叫中心搭建起了企业客户和企业自身信息沟通的桥梁和纽带，那么担负起由呼叫中心向企业内部传输信息重责的就是各类汇报。而汇报规范则能够使这些传输的信息更为准确和完整、更为规范和明确、更为及时和有效。因此，按照科学规范的方法对汇报工作实施有效管理，将成为呼叫中心管理者日常管理工作中一项非常重要的工作任务。作为呼叫中心的管理者还必须根据不断产生的新问题、新动态，适时适当修订汇报规范。

以下是花花起草的《工作汇报规范》。

工作汇报规范

1 工作汇报的基本原则

工作汇报最重要的是提出解决问题的方案而不是简单地提出问题，汇报需要解决的问题是，需预先准备好方案，请示上级领导是否能够执行，避免直接询问上级领导解决方法。另外工作汇报尽量直奔主题，简明扼要；尽量陈述事实，适当表明立场和态度；分清职责，不要只谈问题，不谈解决方法。

2 工作汇报的方式选择

日常工作汇报一般可分为口头汇报和书面汇报，对于如何选择恰当的汇报方式，应遵循如下原则。

时效性：口头汇报的优点是及时便捷，适用于紧急、临时性事件的批复处理；书面汇报特点是时效长，常用于文件留存和审阅的工作请示及汇报。

准确性：口头汇报适合一些简短明了的事件，或者是上司已经了解的，只需请示其处理意见或结果的事件。书面汇报适用于需要详细、系统性地汇报的工作。

正式性：采用书面报告的形式要显得正式和庄重，更有逻辑和条理性，容易把问题讲透讲明白；口头汇报比较适合与上级领导进行深入的交流探讨，从而取得工作共识。

注意：微信工作沟通只适用非正式场合，为了避免信息的遗漏或信息的追溯查实，重要的工作汇报应使用邮件方式。

3 工作汇报的时机

3.1 上级领导要求的周期性汇报，如日报、周报、月报、例会。

3.2 领导临时交代任务完成时，可简短汇报工作完成情况。

3.3 阶段性工作进行到一定程度（或周期），要向上级领导汇报当前进度，预期完成时间等。

3.4 预料工作会拖延时，要及时向上司汇报，提出解决方案及预期完成时间等。

4 邮件汇报规范

4.1 邮件必须填写标题，日常报表类邮件应保持与报表文件名称一致。

4.2 正确选取收件人及抄送人，收件人或抄送人按照职位从大到小，或从小到大排序。

4.3 字体规范（微软雅黑），字号统一（最大不超过四号，最小不超过五号），字间距恰当，段落间保持1.5倍行间距。

4.4 邮件正文汇报内容要求简洁，尽量能够在一个页面中完整展现。如内容过多，可通过附件形式提交，并在文中进行摘要重点内容。

4.5 邮件正文中表格，应适当调整格式大小，表格内容居中显示，条框清晰。如果内容较多或格式错乱，可以采选粘贴为图片的形式，报表以附件形式提交。

4.6 问题的叙述尽量采用项目符号、序号等方式进行逻辑分段描述。

4.7 重点分析＆结论采用底色加深（或更改字体颜色）的方式进行标注。

4.8 如邮件带有附件，邮件正文需提示收件人进行查看。

4.9 邮件发送前应认真检查错别字，及对应附件是否上传。

4.10 邮件使用规范邮件签名，应包括本人的姓名、工作单位、职位、联系方式等。

4.11 工作邮件需使用企业邮箱，如没有企业邮箱，应采用姓名全拼、手机号码、英文名称等简单通用的邮箱地址（163、sina、hotmail 等）。

5 口头汇报规范

5.1 汇报前一定要有充分的准备，抓住重点，拟好提纲。

5.2 要实事求是地反映运营真实情况，提前准备数据来说明问题。

5.3 汇报时提出解决问题的方案而不是简单地提出问题。

5.4 向上级领导汇报工作的主要内容包括。

5.4.1 上级领导布置任务的落实情况。

5.4.2 周期内项目的人员、运营、经营指标情况及与上阶段的趋势对比。

5.4.3 工作中遇到的新情况、新问题。

5.4.4 改进和提高工作的方法和建议。

5.4.5 员工的现状及其对工作的意见和要求等。

5.4.6 周期中的主要成绩和经验。

5.4.7 周期中的教训和体会。

1. 呼叫中心例会制度内容及例会执行

（1）呼叫中心例会制度内容

1）会议目的：会议要达到的目的或效果。

2）会议内容及安排。

3）会议时间：定期的具体时间，不定期会议的召开方式。

4）会议地点。

5）会议人员：参加会议的有关人员，通知负责人及通知方式。

6）会议记录。

7）会议要求：会议前准备工作、记录要求、考勤要求、现场纪律等。

（2）例会的执行

1）会议的根本目的：开会不是走形式，也不是完成任务，会议的根本目的是要解决问题。例如，每天的晨会是要明确当天的工作任务和目标，周会是要总结一周工作成绩和问题，表扬大会就是树立榜样、塑造典型、激励员工。

2）会议主题的确定：每一次会议都必须要有一个明确的会议主题，解决某一个问题、组织学习某项知识或内容、探讨某个议题或决策、根据目前出现的问题有针对性地采取一些措施、通过会议的形式来解决问题等。尤其是针对业务开展上的困境，除了客观原因之外，主观原因大多数情况还在于业务人员自身能力的不强。针对这些问题，同样可以开展一系列的学习、培训会议。

3）会议气氛的控制：会议气氛的控制也相当重要，在一个良好、热烈的氛围中召开的会议会充分调动大家的积极性、激发员工的主人翁精神、增强责任心，反之，如果会议死气沉沉，成了一言堂，这个会议也起不到应有效果。

4）会议决议的形成：开会的目的是要解决问题，那么会议就要会而要议，议而要决，但在现实中，往往都是会而不议，议而未决。

5）会议信息的传达：如前所述，会议在某种时候，实际充当的是一种沟通的工具及信息传达载体，同样的信息，会上宣布和会下传达的效果和意义是完全不一样的。领导者应该学会处处留心，留意公司的每一个有价值的信息，好的或坏的、激励的或告诫的，并在会上向大家传达和宣布，这样就会大大提高会议的效果。

6）培养员工的列席：要让优秀的员工明白领导对他的重视，不需要清清楚楚地告诉他，只需请他列席一次重要会议，并请他主动发言一次，会比亲口告诉他公司是多么重视他的效果要好得多。这个时候，会议在领导者手中又是另一种工具，一种激励员工士气的工具。

7）尖锐问题的处理：有时候，有的员工会借会议提出一些尖锐的问题，或者是本不属于此次会议的问题，故意出难题为难领导，为了避免难堪可以明确告诉他这个问题不属于本次会议议题，会后再解决。有些问题可以公开讨论，那么就大家表态；有些问题不能公开讨论，那么一定不能公开。

2. 呼叫中心报表及汇报

（1）呼叫中心的报表种类

1）按照报送的对象可分为：内部报表和外部报表。

2）按照报送的内容可分为：质检报表、业务报表和总结类报表。

3）按照报送的周期可以分为：日报、周报、月报、半年报、年报。

（2）报表的准备工作

1）收集数据：需要将业务数据和素质业务整理完成，并汇总起来备用。

2）分析数据：整理完毕，需要将重心放在数据的变化中，找出数字的关联性，发生变化异常的问题点。

3）按汇报情况进行制作：按照报告报送的对象，呼叫中心的报告可分为内部报告和外部报告，内部报告主要用于呼叫中心的内部运营管理，外部报告主要用于呼叫中心向客户方或其他部门报送呼叫中心所处理的各项业务内容。

（3）呼叫中心报表分类

1）呼叫中心内部报告：分为运营报告和质检报告。呼叫中心运营报告主要分析内容为坐席代表服务态度、坐席代表服务是否专业、坐席代表业务熟悉程度、呼叫中心资源分配情况、业务流程的合理性、工作效率分析。呼叫中心质检报告分析内容包括每日监听明细、每周/每月质量报告、每周/每月案例分析报告、阶段培训计划报告、质量趋势预测报告等几大方面。

2）呼叫中心外部报告：主要在于各类业务数据统计，如分时段来电量分析，呼叫中心各类业务量统计，呼入电话类型统计，呼出电话类型统计，邮件、传真、信件等业务类型统计。

（4）报表规范

1）报告分类规范：将呼叫中心的所有报告按照下述字段标准进行分类整理，制作出完整的呼叫中心统计报告汇总明细文档，此文档将作为对报告工作实施有效管理的基础依据。分类字段及其标准为：

① 报告名称：根据报告用途和内容统一规范命名。

② 报告内容：对报告的用途和内容进行简单描述。

③ 报告格式：Word、Excel、PPT。常见的报告形式多为PPT，PPT展现的方式言简意赅，而且能突出重点问题。而Excel只能展现数字的变化，并不能说明产生的关因后果。

④ 统计周期：根据实际情况设定数据统计周期，可以是自然日、周和月，也可是非自然日、周、月。日报，一般是前一日的运营情况，如发生的问题、如何解决的、日后的改善等。周报，通常是要包括整周的运营情况、人员情况及业务问题的反馈、对下周工作的展望。月报更为关注本月度的业务变化，为下月的工作安排重点。

⑤ 报告报送人：指定专人负责报告的制作、报送和归档整理工作，一般情况为呼叫中心的报告专员。

⑥ 报告接收人：根据报告的用途和内容，设定不同的接收对象。一般情况下，内部报告接收人为呼叫中心内部的管理人员，部分报告也需要报送给呼叫中心全体成员；自建呼叫中心外部报告接收人为公司相关部门（多为销售部门、产品部门和渠道推广部门）以及呼叫中心的上一级领导。外包呼叫中心外部报告接收人为客户方接口人。

2）报表制作规范。

① 格式规范：各类报表必须按照规定的格式和模板进行制作。需要提前根据呼叫中心统计报表汇总明细文档，制作出不同报表的规范模版，而今后在制作报送报表时，必须严格按照规范模版来制作，以达到工作的标准化和规范化。

② 内容规范：分析报表中反映的问题要明确、翔实，对问题的解决要跟踪，落实问题的处理结果，对本周期的突出事例要进行重点分析。报表内容要求客观、准确、简洁、数字准确，文字表达流畅、到位。

③ 命名规范：报表名称要按照规定统一命名，以呼叫中心统计报表汇总明细中的报表名称作为主名，以时间、日期为记录、检索字段作为附名。例如，20200601呼叫中心品质管理日报，20200601-0607呼叫中心业务分析周报，202006呼叫中心月度工作报告等。

3）报表报送规范：报表报送负责人要按照呼叫中心统计报表汇总明细中关于报表的统计周期、接收人和报送时间的规定，按时组织报送各类报表，不得出现延误现象。呼叫中心需要提供给外部门的各类工作报表必须经过严格审阅后方能报送。审阅人一般情况下为呼叫中心的部门总监、经理或主管。

4）报表存档规范：各类报表在制作、报送完毕之后，还必须按照一定的规范归档整理，以便于后续查找。呼叫中心所有的报表除报送负责人自行整理归档外，还必须按照规定的存放路径和方法统一归档保存，由网管负责对所有报表进行备份。在制定存放的文件结构和路径时，内部报表的文件存放结构和路径为：部门 – 报表种类 – 时间 – 报告，外部报表的文件存放结构和路径为：报表种类 – 时间 – 报告，此举的目的是简化存放及检索的路径。

5）报表管理规范：呼叫中心所有报表的基本管理权在报表专员，即报表专员会按照呼叫中心统计报表汇总明细和上述的具体规定对各报表报送负责人的工作进行检查，对出现的问题会上报相关人员予以考核。

任务拓展

1. 实训任务：选出一个小组组织召开一次数据分析会议。

2. 任务要求：要求会议整体时间不超过 30min，要明确会议内容、目的，并形成会议结论和后续工作分工。会议结束后全班同学点评。

Project 2

项目 2
呼叫中心团队管理

项目描述

　　呼叫中心是一个人力密集型行业，尤其是一些大型呼叫中心，一线坐席员工为呼叫中心的构成主体，工作内容较为单一，主要通过电话、在线沟通工具等形式为客户提供营销或服务类工作。在这样一个大型团队的工作环境中，如何管理好团队、提升工作效率，进而来提升呼叫中心的绩效指标，成为呼叫中心运营管理人员的重要职责。

　　企业管理是管理团队、管理绩效，而绩效是由团队来创造，因此对于呼叫中心这样一个由众多坐席人员组成的企业，管理好团队才能创造出稳定高效的绩效。作为呼叫中心的运营管理人员，需要掌握呼叫中心团队管理的相关知识并具备一定的相关技能。

　　呼叫中心团队管理的核心和目的就是组建一支稳定且高效的团队，为企业提供高质量、高效率的服务，保障企业与客户之间的顺畅沟通。团队管理工作包括组织适合业务特点的呼叫中心组织架构、培养一支稳定的团队、搭建员工晋升渠道、管理好员工的绩效指标等内容。本项目主要从以上几个方面，让从业人员掌握相关知识并通过实训任务具备一定的职业能力和业务技能。

任务 1　呼叫中心人才培养与发展

任务分析

人力资源管理是保证人员有效使用并高效完成企业目标的一项基础性管理工作。任何一个企业都需要进行人员管理，包括人力资源规划、岗位分析、岗位招聘、绩效考核、团队发展等内容。呼叫中心企业也是从人力资源规划、团队管理的工作内容入手，需要根据业务需要来制定符合企业自身业务特点和业务规模的人力资源团队组建规则，进行合理的人力资源规划，进而组建并发展一支高效、稳定的呼叫中心团队。

由于呼叫中心人员密度大，尤其是一线坐席人员工作性质较为单一，一线员工所面临的心理压力较大，因此对于呼叫中心来说，做好呼叫中心团队建设、保证团队的稳定高效将会对提升企业优质服务有着非常关键的作用。

本任务主要围绕呼叫中心团队组建、团队发展两项人力资源工作展开，学习并掌握呼叫中心组织架构设计、呼叫中心人员招聘、员工发展的相关制度的开展所需具备的知识，并通过工作任务的设计掌握基本的职业技能。

任务实施

人力资源是任何一个机构或者企业的灵魂，所有的工作和目标都是靠人去参与和实现的。可以说，任何一个团队的表现、任何一个任务的结果都是由人的个人素质、团队素质所决定的。人是决定质量、技术的关键因素。所以呼叫中心的人才培养与发展非常重要。

人才培养与发展，在企业里所体现的工作核心就是人力资源规划，优质的人力资源规划能够组建合适的、稳定高效的团队，能够选择和发展最有潜力的人员作为培养对象，将其长久地留在企业中发挥重要作用，能够让团队实现最大的绩效目标。除此之外，好的人力资源规划工作也能让员工更有忠诚度，让员工有良好的职业生涯规划并在企业内部获得很好的职业升迁。

作为呼叫中心管理人员，所要具备的包括掌握呼叫中心架构设计、能够根据企业内部业务需求进行合理的人力资源规划，招聘到合适的员工，定期根据现有人力资源状况进行人员需求分析，并能够撰写分析报告。

1. 呼叫中心组织架构设计

呼叫中心的组织架构和服务规则是运营管理的核心内容之一。一个机构的组织架构，通俗地说就是对要执行的任务加以分工、分组并实现协调合作。呼叫中心采用的组织架构是由企业、呼叫中心自身的特性与企业所在的行业情况决定的。进行呼叫中心组织架构设计所需要考虑的因素很多，包括管理幅度、策略目标、业务流程、产品及客户情况等。

通常的组织架构包括传统层级型、扁平化项目型、矩阵型。

（1）传统层级型组织架构

传统层级型呼叫中心主要是按照一般企业的层级分类进行的组织架构设计，话务服务部设有客服专员、客服班组长、主管、经理、总监等，如图2-1所示。培训部设有培训专业、培训经理、培训总监等。质检部设有质检专员、质检经理等。

传统层级型呼叫中心比较适合单一业务类型的呼叫中心，这种组织结构就像一个金字塔形，以呼叫中心经理或总监作为塔尖，一线基层坐席人员作为基础底层，在中间层级设有项目主管、项目经理、培训经理、质检经理等。在大型呼叫中心企业中，还会有一个职务层级，如班务经理、产品或流程经理以及在主管以上的职位。这种类型的组织架构对于领导力强、管理规章制度健全的呼叫中心来说，有利于总体指挥、调度和控制。

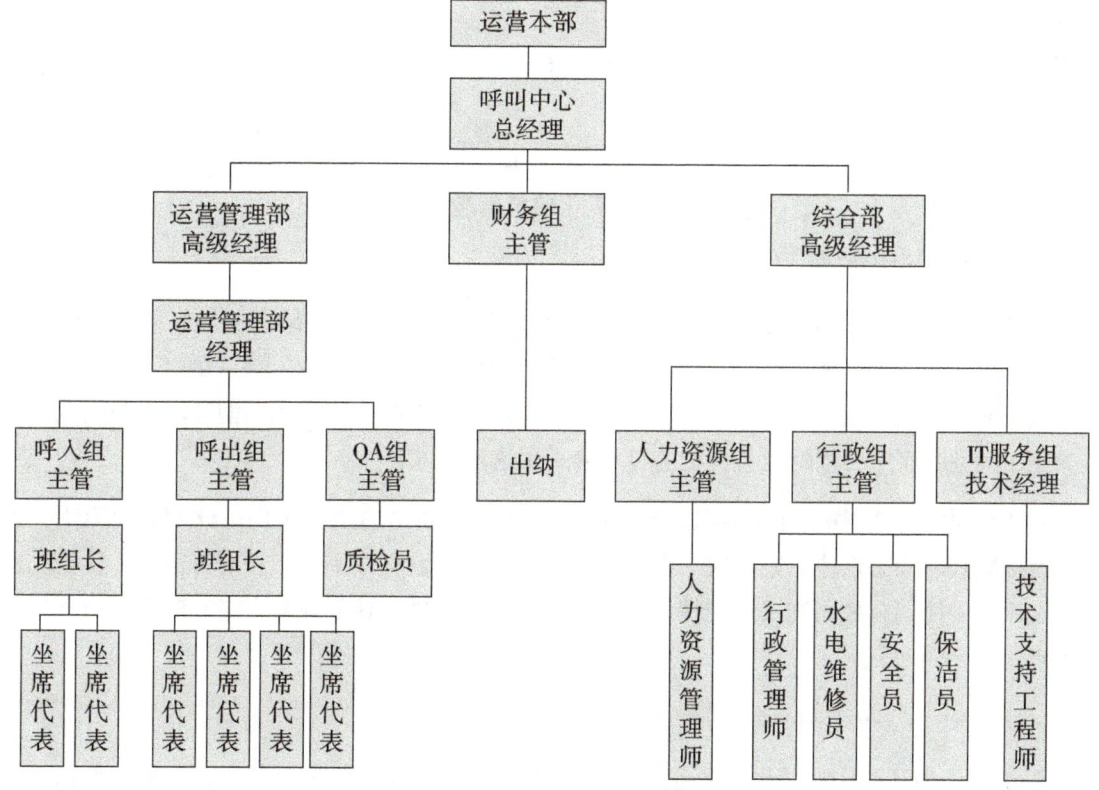

图 2-1　传统层级型组织架构

（2）扁平化项目型组织架构

扁平化项目型组织架构层级少，但每个组别都比较大，使得呼叫中心最高一级的人员与一线人员之间的管理人员数量最小化。这种类型的呼叫中心在面对变革时，可以达到灵活机动、快速敏捷的目的，还可以使呼叫中心管理者肩负起更多职责。当领导者与管理者威信及其职责贯穿于该组织架构的各个环节的时候，这种组织架构会成为最有效、响应速度最高的模式。在这种模式下，对呼叫中心运营的总体指挥和控制也会产生效果。在这种组织结构下，固定的团队内的所有成员工作协同会更有效率，工作效果更显著。

扁平化项目型组织架构一般普遍被呼叫服务业务类型较多的呼叫中心企业采用，如产品类别众多的企业自建呼叫中心或者外包型呼叫中心，由于服务于不同的产品或者业务，每个业务类型所要学习的产品、业务知识等完全不同，这样的呼叫中心一般会按照业务类型组建不同的项目组，每个项目组负责服务不同的产品或业务。每个项目设有项目经理，项目团队中有运营人员、培训人员、质检人员等，如图2-2所示。项目经理在本项目中具有较大的管理和调配权力，使项目组根据项目特点灵活调整，从而达到较高的业务绩效目标。

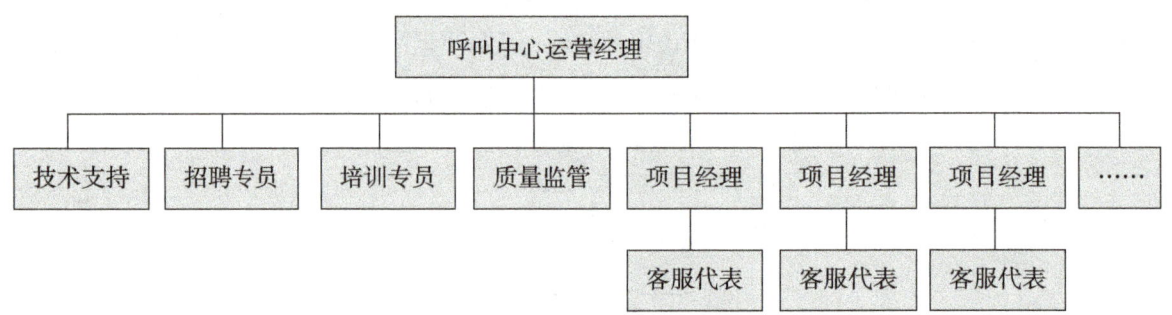

图2-2　扁平化项目型组织架构

（3）矩阵型组织架构

传统层级型和扁平化项目型架构的所长，在部门职能分工的基础之上加入项目管理的方法，可以有效地对资源加以整合利用，同时也可保障专门项目的管理。缺点是每个管理节点均需双头汇报，往往导致产生权力的叠加或管理盲点。这类组织架构在中小型呼叫中心企业中比较少见，大型呼叫中心根据业务类型的特点会采用这种模式。

综上所述，呼叫中心组织架构设计的原则除了众所周知的企业架构设计的通用原则，如任务目标原则、分工合作原则、统一指挥原则、管理幅度合理原则、责权对等原则、执行和监督分设原则、协调有效原则及适应性、均衡性、前瞻性之外，还要充分考虑呼叫中心行业的一些特点。

2. 呼叫中心人力资源管理

无论是作为呼叫中心经理，还是呼叫中心人力资源经理，都需要在现有的组织架构下考虑设置合适的岗位，并进行合适的员工选拔。所有企业对于职位的设置和增补都是非常关键的，对于人力密集型呼叫中心而言更是如此。如果是一个 7×24h、365 天不停运转的呼叫中心，人员一定会在不停地调整，每年都会有人离开、有人加入，如果人员配置不当，呼叫中心的业务绩效和客户满意度会受到影响，也会导致"人员流失率"的增加。在呼叫中心有一个很关键的与"人"相关的绩效指标——人员流失率。如果流失率过高，招聘成本和培训成本都会增加；团队不稳定，员工心态和工作绩效都会受影响。因此，招聘合适的员工以及员工的培养、打造一个相对稳定的团队对于呼叫中心管理人员来说，是非常重要的职责。

（1）确定招聘需求

招聘需求要根据呼叫中心业务特点而确定的人力资源规划和工作分析提出。在呼叫中心，人力资源规划可以系统地预测呼叫中心未来的员工供求情况，估计所需要员工的数量和种类。人力资源需求预测包括短期预测、长期预测、总量预测和各个岗位需求预测。一般包括几个方面：呼叫中心的业务量，由此推算出人员需求量；预期的流动率，指由于辞职或解聘等原因引起的职位空缺规模；提高产品或劳务质量，或进入新行业的决策而对人员需求的影响；生产技术水平或管理方式的变化对人员需求的影响。当呼叫中心人力不足时，需列明工作要求，明确人员的背景、人数、工作时间以及上岗时间等关键信息，向人力资源部门提出招聘需求。

招聘需求以"职位说明书"的方式提交给人力资源部。一份完整的职位说明书应包括以下内容：

1）该职位的基本情况：名称、职位级别、所属部门、直接上下级等。

2）该职位存在的价值和目的。

3）任职者的责任与权力。

4）工作关系。

5）任职资格，胜任职位者所需要的学历、专业、工作经验、工作技能、能力（素质）等。

6）相关信息，如工作地点与环境、使用的设备仪器等证照等。

呼叫中心职位描述需求表见表 2-1。

表 2-1 呼叫中心职位描述需求表

职位名称	客服专员	类别	管理	职位编号	
部门	客服部	直属上级职位	客服主管		
直接下属职位/人数	无				
工作协作关系	内部协作关系	公司各部门、各店面			
	外部协作关系	客户、礼品供货商、厂家			

（续）

工作概要	根据客户调查问卷统计、分析客户回头率、购买周期、购买习惯等辅助销售所需数据，并根据客户喜好在生日、节日购买礼品；进行账目的计算机入账、与厂家间补调货等统计事宜			
			工作任务	工作要求
主要工作职责	客服工作	分析客户信息	根据客户调查问卷输入客户各项信息，并分析客户回头率、购买周期、购买习惯等信息辅助销售，并将数据递交经理	1. 客户信息精准输入 2. 每月7日前向经理递交各项客户分析数据
		客户服务	节日、客户生日等重要节日给客户发送祝福短信，通知客户到店领取礼品，并统计客户领取率	1. 国家法定假日前一天给客户发送祝福短信 2. 客户生日当天10点给客户发送生日祝福短信，并通知客户来店领取生日礼品
			负责向营业提供老客户回访名单，并做好记录	1. 每月向营业提供10名老客户信息 2. 对营业回访情况做好记录、存档
			根据客户需求购买客户礼品	客户礼品要在数量和种类上保持充足、合适
			负责与营业人员共同做店面活动策划	每次活动前一周向经理递交活动策划方案
	统计工作	各店账目的计算机入账	负责每日各店账目的计算机输入	计算机输入要准确无误、与手工账目一致
			负责月底营业部分产品盘点，并核对各店面、仓库库存与计算机库存	每月底完成营业自营产品盘点，每月5日前完成所有店面库存与计算机库存核对，出错率为0并封账
		货物调拨	负责各店面、店面与厂家间的产品调拨、补货、退货信息	产品调拨、补货、退货信息要准确无误，出错率为0
			负责厂家每周、每月库存销售信息	每周一给厂家发送上周销售数据，每月6号前给厂家发送上月销售数据
	其他工作		营业日常客户糖果饮料购买	保持营业所需物料充裕，不间断
			保障办公设施、环境卫生、消防工作	1. 每日参与办公室卫生打扫 2. 定期进行办公设施：计算机、传真机、打印机的保养，保障其正常工作 3. 每日下班检查所有电器电源是否关闭、门窗是否关闭
主要权限	营业节日活动策划的参与权			
	客户礼品选择的建议权			
	营业账目错误的处罚权			

（续）

任职资格					
生理要求	性别	不限	年龄	23岁以上
	身高	正常	健康状况	良好
教育水平	大专及以上学历				
专业	不限				
培训经历	基本办公软件培训、沟通协调能力培训				
经验	1年相关客服工作				
知识	专业电话沟通商务礼仪、客户服务相关知识				
能力要求	较强沟通分析能力、公关能力、文字组织能力				
工作环境	以室内为主，有时需要外出				
所需使用的法律法规及公司规章制度	公司现行关于客户服务制度及公司营业现行活动详情				

（2）人员招聘选拔

呼叫中心人员密集，尤其在大型呼叫中心里，对一线坐席人员和一线班组长的筛选，无法像高级管理人员那样精挑细选，而是对时效性要求非常高，一般来说，要把控一线坐席人员的几个重点素质，并通过简历筛选和面试过程来考察是否具备呼叫中心一线人员的素质。

一线坐席人员的选拔除了通过简历筛选是否有过相关工作经验之外，还要基于呼叫中心工作性质和项目要求重点考虑人员的沟通表达能力、心理承压能力、善于解决问题的能力、快速应变能力、计算机操作基础能力，有的项目对普通话还有较高要求，那么基于这类项目还要考察候选人的普通话水平。

对于中层及以上的管理人员选拔，包括呼叫中心主管以及主管以上的职位，一般来说需要 2 次以上的面试，面试的目的是通过面对面谈话进一步了解应征者的客户问题处理技巧、沟通能力、团队领导能力。如有需要，会再安排第三次面试，由呼叫中心最高负责人进行最后的面试，如果是企业自建型呼叫中心，可能会由呼叫中心所属企业进行最终的面试。

（3）员工培训

呼叫中心作为企业与客户之间的桥梁，是否能够为客户提供优质服务的关键之一就在于员工素质的高度。因此在呼叫中心的管理中，员工培训是一个非常值得关注的问题。

呼叫中心员工培训包括：入职培训、定期的业务培训、专业能力培训、员工辅导等类型。培训的作用在于可以不断地培养员工对业务的熟练程度、打造团队高昂的战斗力和客户至上的服务精神、减少员工的流动率，最大限度地降低人力资源成本，保证客户最佳满意度，使企业获得更好的经济效益。

1）一线坐席人员培训。一线坐席人员的培训主要包括：服务意识培养、普通话表达训练、语言组织与表达训练、心理承压能力提升、应变能力与自控能力提升、倾听与沟通能力提升、客户引导能力提升、计算机基础操作与打字录入训练、企业产品知识培训等。

为培养更专业的坐席人员，在完成一般话务和基本业务知识培训后，就应该开始更深入及专业的客户服务技巧培训，设定进阶技巧培训如投诉处理能力培训等。此外，如果是涉及外呼及销售型呼叫中心业务，还要进行电话销售能力的培训。

表 2-2 为某呼叫中心一线坐席人员的培训课程大纲：

表 2-2　呼叫中心一线坐席人员培训课程大纲（内训）

一、客户服务的艺术 The Art of Customer Service
二、电话交流技巧 Effective Communication Skills
三、呼入服务电话的处理 Inbound/Customer Service Calls Handling
四、呼出服务电话的处理 Outbound/Telemarketing Calls Handling
五、电话销售 Telemarketing
六、有效的倾听 Effective Listening

（续）

七、如何处理拒绝与抱怨

Handling Objections and Dealing with Unhappy Customers

八、保持积极的工作状态，心理调节

Keep Positive Attitude, Effective Mental Adjustment

九、团队的智慧

The Wisdom of Teams

2）主管人员培训。呼叫中心主管人员培训主要目的在于培养中层业务运营管理干部，通过培训能够提升自身的一线业务技能，并能够负责30~50人的基层坐席人员的日常呼入呼出工作。主管人员的培训内容主要包括：主管的监控手段与管理策略、客户沟通能力的巩固和提升、客户投诉处理技巧、电话销售能力、呼叫中心报表制作与管理等内容。

3）经理人员培训。呼叫中心面向经理人员的培训目的在于培养呼叫中心整体的运营管理能力，涵盖业务运营管理、人员管理、培训管理、绩效考核等方面。主要培训内容包括：呼叫中心的 CRM 应用、呼叫中心的战略计划与商业模式、呼叫中心人员的招聘与定位、呼叫中心人员培训、呼叫中心的绩效考核与激励机制、呼叫中心管理制度、呼叫中心人员流动率管理、呼叫中心电话销售人员管理与激励等方面。

（4）有效控制人员流失率

作为呼叫中心来讲，保持一定可控的流失率是可以接受的，但是要避免频繁的人员流动，因为这样会给呼叫中心业务带来巨大的绩效不稳定性，也会增高企业用人成本。有效控制人员流失的手段有以下几种，呼叫中心管理者可以根据呼叫中心企业自身特点来交替使用。

1）员工满意度调查。作为呼叫中心管理者，不能一味地要求员工，也要适当了解员工诉求，通过满意度调查了解员工想法来改善管理者与员工之间的关系，只要是合理的诉求，管理者都可以酌情采纳，目的是在呼叫中心较大的工作压力下，给一线坐席人员创造一个可以信赖、轻松的内部工作环境。

员工满意度调查一般围绕工作环境、员工与直属上级关系、公司内职业发展空间、工作压力、公司福利、是否得到技能提升等方面来展开。通过员工满意度调查，既能够了解一线坐席人员的心态，也能够作为发现企业管理中存在问题的手段。

员工满意度调查表样例见表2-3。

表2-3　员工满意度调查表样例

您的基本情况（仅用于统计目的）

1. 工作部门/班组：_____部门_____班组

（续）

2. 您的性别：A. 男　B. 女

3. 您的年龄：A. 25 岁以下　B. 26～35 岁　C. 36～45 岁　D. 45 岁以上

4. 您的最高学历：A. 高中／中专及以下　B. 大专　C. 本科　D. 硕士及以上

5. 您的工作年限：A. 0～3 个月　B. 3～6 个月　C. 6 个月～1 年　D. 1～2 年　E. 2 年以上

不必签署您的姓名，为便于统计分析，请填写您的基本情况，非常感谢您能参与此次满意度调查。

编号		调查项目	很满意	满意	较满意	一般	不满意
一		对工作本身的满意度					
	1	您对本人的工作岗位是否感到满意					
	2	您对您与工作的匹配程度是否满意					
	3	您的工作是否符合个人志趣					
	4	您对您岗位职责与权力的划分是否满意					
二		对工作回报与发展的满意度					
	1	您对您的目前的薪资水平是否满意					
	2	您对公司报酬、奖励的公平性是否满意					
	3	你认为公司的激励奖励制度完善吗					
	4	您对当前员工的福利政策是否感到满意					
	5	您对个人的职场发展情况是否满意					
三		对领导管理的满意度					
	1	您对公司高层领导管理者的管理能力与水平是否满意					
	2	您对直接上级的管理能力与业务水平是否满意					
	3	您对领导的亲和力和决策力是否满意					
	4	您对管理阶层对员工执行工作提供的支持满意程度如何					
	5	您对公司的职位晋升机制是否满意					
	6	您对领导和员工之间的沟通交流情况满意吗					
四		对工作环境与背景的满意度					
	1	您认为工作环境、设施设备的健康和安全预防措施是否足够且让人满意					

（续）

（续）

编号	调查项目	很满意	满意	较满意	一般	不满意
2	您对公司提供的工作中需要的资源（材料、设施、工具）是否满意					
3	您对公司的作息时间（上下班时间、加班制度等）是否满意					
4	您是否能及时了解公司各种管理制度和文件					
5	您对公司文体、娱乐活动的安排感到满意吗					
6	您提出合理化建议，公司对合理化建议的处理和态度您感到满意吗					
五	对工作关系的满意度					
1	您对同事之间的沟通与配合是否满意					
2	您对您和周围同事的工作责任感及主动性满意吗					
3	你认为公司员工是否得到公正对待					
4	您认为公司团队协作是否默契					
5	你对公司人员分工是否满意					
六	对企业整体的满意度					
1	您对公司的历史、公司文化是否满意					
2	您对公司组织机构的设置是否满意					
3	您对公司各项规章制度的实施效果感到满意吗					
4	对您来说，您对公司有认同感及归属感吗					
5	你对公司以及行业的发展前景是否满意					

2）员工激励。呼叫中心的员工激励主要是面向大量的一线坐席服务人员，他们往往年龄较小，社会阅历还比较浅，心理承压能力、职业规划能力等方面都不够成熟，面对大量的客户沟通工作时精神经常处于比较紧张的状态，因此为了提高员工的工作效率和保持良好的精神状态，经常需要制定不同的激励方法来让员工感受到明确的工作业绩目标，以此来提升整体的员工团队士气，创造高效的产能。

激励的方法有很多种，最常使用的为目标激励法和荣誉激励法。

目标激励法：确定适当的目标，诱发人的动机和行为，达到调动人的积极性的目的。目标作为一种诱引，具有引发、导向和激励的作用。例如，给予客服人员目标绩效或方向，并以团队合作方式来完成，且于活动开始制定出最高荣誉的奖励方式。

荣誉激励法：从人的动机看，大部分人具有自我肯定、光荣、争取荣誉的需要。在荣誉激励中还要注重对集体的鼓励，以培养大家的集体荣誉感和团队精神。例如，让绩效好的客服人员获得奖励。当发现客服人员表现卓越时，立刻奖赏他们，方式有晋升、额外报酬等。

管理者在设计奖励措施时，应倾向于获得更多成长空间与机会，因此可以采取满意度调查来收集奖励方式与形态。另外在办理组织激励活动时，若能适时运用沟通，让客服人员了解公司与管理者的要求和压力，反而更能激发出同舟共济的精神，在执行时也能比较顺利。

3）员工培训与辅导。员工培训与辅导是控制人员流失率的重要手段，当员工在一个企业或者一段工作经历中，能够不断地从工作中得到提升，能够得到丰富的培训，能够有上级主管经常针对业务不足进行有效的辅导，无疑对自身工作能力提升有巨大的帮助。重视培训的企业，往往能培养出一批职业素养高且对企业忠诚的员工。

3. 制定管理制度

作为呼叫中心管理者，除了要具备呼叫中心运营管理能力之外，还要了解并掌握呼叫中心各项管理制度，能够根据呼叫中心企业自身运营特点和发展规模的变化，适时调整和修订各项管理制度。对于初创型呼叫中心，管理者还应自行制定一套行之有效的管理制度。

（1）制定呼叫中心绩效管理制度

一般来讲，呼叫中心绩效管理制度核心包括员工日常管理、绩效管理指标制定以及薪酬核算制度等几大方面。不同的呼叫中心根据自己业务特点会有不同，但核心管理制度都离不开这几大方面。

1）日常基本管理制度。呼叫中心一线员工众多，且员工都比较年轻，因此对于呼叫中心的管理来说，基本的日常出勤制度、请假制度、排班制度、办公场所中的办公等行为要求是非常必要的，也是对员工的基本要求。

对于一些非 8h 工作制的呼叫中心，如 7×24h 上班，必须制定严格的排班制度。

呼叫中心日常基本管理制度

1.坐席人员须严格遵守公司的劳动纪律，按时上下班，不得迟到、早退。

2.坐席人员临时有事需要请假或调班时，要提前告知部门领导，并经部门领导批准后，方可请假或调班，否则视为旷工。

3.坐席人员在办公场所不得大声喧哗、嬉戏。

4. 坐席人员个人使用的通信工具，在工作期间一律调为振动，需要接听或拨打私人电话时，要在办公区以外。

5. 坐席人员在工作期间要保持精神饱满、注意力集中，不做与工作无关的事情，无电话时不得交头接耳，闲谈杂事。

6. 工作期间不得浏览与工作无关的网页及视频，更严禁登录游戏网站等。

7. 工作台面要保持整洁卫生，只允许摆放订票单、圆珠笔和水杯。

8. 坐席人员离开时要将坐席离线，耳麦挂在挂钩上，座椅推回办公桌内。

9. 坐席人员不得在办公区内吃零食，工作期间不得随意外出。

10. 坐席人员在电话铃响两声内必须接起，并以礼貌用语（您好，×××为您服务）礼貌地贯穿始终。通话完毕时，要等对方挂掉电话后方可挂断。

11. 工作期间，杜绝使用不文明语言，禁止与顾客争吵或恶语相向。

12. 不得在挂断电话后，特别是其他工作人员正在接电话时，议论顾客或发牢骚。

13. 呼叫中心员工的工作记录一定要详细记载，以利于跟踪潜在客户和对老顾客的回访。

2）制定绩效管理制度。绩效管理制度的核心在于制定适合本呼叫中心的绩效管理指标，并通过绩效管理指标考核员工。对于未达绩效目标的员工，通过辅导培训进行改善。常见的KPI绩效指标包括通过数量、通话时长、质量服务指标等。对于外呼类如电话销售类坐席人员来讲，考核指标还涉及成单量等销售指标。

关于绩效指标的详细内容，将在本项目任务三中进行讲解。

3）制定呼叫中心薪酬管理制度。呼叫中心的薪酬管理制度与团队和个人的KPI绩效指标密切相关，薪酬制度的制定就是要设定KPI绩效在薪酬规划中的比例、考核办法，以KPI绩效为依据来进行薪酬管理。薪酬制度里还包括了员工的福利制度，包括假期制度、奖金制度等。让员工享受到优质的福利待遇，也是呼叫中心企业控制人员流失率的手段之一。例如，有的企业制定了连续2个月以上全勤，就有全勤奖作为激励；有的坐席人员得到了优质服务的最好评价，也可以获得一定的奖金。

（2）制定呼叫中心培训制度

呼叫中心培训制度的制定主要为了不断提升呼叫中心员工的整体工作效能。相对于其他企业来说，呼叫中心的培训更为重要，面对较为密集的坐席服务人员，需要制定培训机制来帮助员工提升技能、塑造良好的心态，以达到稳定团队，提升服务水平的目的。

制定培训制度，要考虑到培训的内容、培训的周期、培训质量评价、培训流程管理等几个方面。

1）培训的分类与内容。培训分类主要考虑培训的对象以及培训内容。例如，面向呼叫中心坐席人员的培训、面向中层管理人员的培训、专项技能培训、班组管理培训、客户沟通培训、电话销售培训等。关于培训内容的设计没有标准方案，基本上各呼叫中心都是根据呼叫中心的员工层次、不同员工需要的不同的职业能力来设计培训内容。常见的培训内容如下：① 新员工入职培训。② 产品业务知识培训。③ 客户沟通技能培训。④ 投诉处理培训。⑤ 客户服务礼仪培训。⑥ 电话销售培训。⑦ 班组管理培训。

2）培训质量评价。培训工作的一般流程：根据业务需要由项目经理或者培训师发起培训需求，培训实施完成后，最后都要根据培训结果进行培训质量的评价。培训质量评价的主要目的在于评估培训结果是否达到了预期目的，以便后期改进培训内容，提升培训效果。

（3）制定呼叫中心岗位晋升制度

呼叫中心企业人员规模较大，且一线坐席人员占比较大，基层管理岗位的设置也较多，因此在具备一定规模的呼叫中心，为了让员工设定职业生涯发展目标，也为了留住更多具有能力的人才，企业很有必要制定岗位晋升制度。

岗位晋升制度主要明确以下内容：① 岗位设置及层级。② 岗位胜任能力要求和公司内部晋升条件资格。③ 晋升路径。④ 考核办法。⑤ 晋升流程。

（4）制度的执行与监控

很多企业的制度非常完善，但是制度执行得并不好，很多制度形同虚设。呼叫中心人员较多，而且呼叫中心对于企业的重要价值就在于客户管理与服务，呼叫中心的管理也是严格依照KPI绩效指标和呼叫中心管理流程来运营的组织机构，如果制度执行得不好也会影响到呼叫中心的业绩指标，因此在制度执行过程中，也要把控好制度的执行程度，根据企业的业务变化定期优化制度以及保证制度的有效执行。

1. 呼叫中心各部门及岗位职责

（1）呼叫中心运营部门

运营部门的主要职责是负责呼叫中心日常运行，提供服务以达到挽留和赢得客户的目的，并开展电话呼出业务或者电话销售业务，开发新客户，同时对服务质量和流程进行有效的监控。

1）运营经理主要职责。运营部门的最高管理者是运营经理，主要职责是：

① 呼叫中心最高决策人，制定呼叫中心的发展方向和政策。

② 协调呼叫中心与公司其他部门之间的关系，并召集会议调整流程和服务内容，确保客户的需求受到充分的重视。

③ 负责管理整个呼叫中心的运作表现、质量提升、生产率及成本效率控制等目标。

④ 确保呼叫中心的资源得到最有效的利用。

⑤ 制定呼叫中心的相关流程、制度。

⑥ 发现及校正任何影响生产力及获利方面的营运问题，培养专业优秀的呼叫中心客服团队。

2）质检部岗位职责。质检部门确保运营指标的达成，主要岗位职责表现在以下几个方面：

① 负责确保实现既定的KPI，并积极主动地完善各部门及部门之间的工作流程等。

② 负责对一线员工进行培训，对流程进行明确描述，确保其有效性。

③ 协同呼叫中心经理共同开发监控服务质量和KPI的工具和手段。

④ 阶段性地从运营部门的一线员工及管理人员那里收集用户动态作为流程改进的主要依据。

⑤ 随时跟踪个人执行情况，并进行具体的统计。

⑥ 当流程及效率需要大规模改进时，负责设计并执行项目实施计划。

⑦ 与客户专员合作，及时进行客户反馈调查和客户流失率分析，以使得流程更有效率。

（2）人力资源和培训部岗位职责

人力资源及培训部主要职责是负责为运营部门提供合格的人员以满足运营的需要，并提供运营所要求的新员工入职培训。不同的呼叫中心部门设置略有不同，有的会专设培训部，有的将培训部合并在人力资源部。

1）培训员的主要职责：

① 了解企业的发展规划，并尽可能为员工提供必需的发展培训。

② 在公司中创造学习的文化氛围。

③ 计划、组织并实施职业发展计划。

④ 领导并开展一般的软性技能和管理培训。

⑤ 维护并更新所有的员工培训记录，保证所有的培训设备状态优良。

⑥ 协助相关部门进行运营培训，并对其有效性进行评估。

2）人力资源主管的主要职责：

① 根据业务需要规划人力资源和员工战略。

② 根据人力资源政策处理来自运营部门的新增或补充员工的申请。

③ 建议人员的薪酬和福利架构。

④ 人员招聘。

⑤ 配合运营管理部门优化人力资源配置，避免人员过剩造成浪费。

⑥ 进行员工满意度调查。

⑦ 其他人力资源日常工作事务。

2. 人员流失管理流程

（1）事前防范

作为员工的直接上级管理者，要随时注意员工日常工作状态，在员工出现懈怠、频繁请假等现象的时候，要提前加强沟通，了解员工心理状态，真诚地为员工排忧解难，帮助员工克服困难、稳定工作情绪。

（2）事中管理

作为呼叫中心企业，应该注重员工整体的提升与培训，加强学习型组织的培育，积极开展培训，促进员工之间的相互学习和交流，使优秀的管理经验、企业文化等无形资产固定在组织内，不因个别员工的离职而流失；其次，通过建立及完善各项人力资源管理机制来帮助员工准确定位、不断提升，让员工看到自身发展的规划和希望；最后，做好员工关怀，让员工体会到大家庭的温暖，营造公平竞争、和谐共处的文化，增强员工的凝聚力和归属感。

（3）事后处置

一旦员工提出辞职，真诚地与其交流，了解其离职背后的真实原因，寻求挽回的可能。对于员工的离职，一定要做好流失数据的汇总统计，从多维度对流失数据进行分析，这样不但为今后进一步改善管理指明了方向，也为人员需求预测和储备提供了依据。

任务拓展

1. 实训任务：制定一线坐席人员入职培训大纲。

2. 任务形式：独立完成。

3. 任务时限：20min。

4. 任务要求：

1）根据背景描述，了解该呼叫中心的业务特点，制定新入职一线坐席人员培训大纲。

2）培训大纲的制定需要明确培训内容以及所包含的核心技能点。

3）编写完成后请与小组或班级成员分享你的培训大纲设计思路。

> 背景描述：
>
> 美颜网是一家销售彩妆用品的电商平台，主要面向女性客户群体，平台销售的彩妆产品有 10 000 余种。2019 年，美颜网实现了销售业绩的翻番增长。随着业务的快速发展，客户咨询的售前、售后服务工作压力非常大。因此，美颜网于 2020 年初扩大了呼叫中心团队规模，需要对新入职的一批呼叫中心一线坐席人员进行入职培训，让其快速进入工作岗位，能够胜任企业的销售以及服务需求。
>
> 你作为美颜网呼叫中心的培训专员，需要对入职的一线人员进行入职培训，现你的上级培训主管要求你提交一份新员工入职培训计划，并将你的想法向他汇报。

任务 2　呼叫中心岗位晋升管理

任务分析

人力资源是呼叫中心最核心的资产，通过招聘和培养合格的坐席人员和坐席管理人员，可以为企业客户提供优质的服务，并为企业创造销售收入。在大中型呼叫中心企业，人力资源较为密集，其中以一线坐席人员和一线坐席管理人员如班组长、主管为主要的核心力量，因此作为呼叫中心管理者来说，做好员工的培养与发展，建立稳定优质的团队，是保障呼叫中心工作效率的最重要的手段。而做好员工的培养与发展，其中之一就是要在现有的人员中做好员工的职业生涯规划，做好员工晋升的通道，能够让员工在企业内就通过努力实现晋升，实现自我价值的提升，让优秀的员工留在企业内部。

因此，呼叫中心企业的岗位晋升管理，也是管理者需要面对一个重要管理课题。在本任务中，希望即将踏上或者已经从事管理呼叫中心管理岗位的从业者，能够具备呼叫中心岗位晋升管理的基本理念，掌握晋升管理的基础知识并能够运营到工作实践中去。

任务实施

1. 制定员工晋升管理制度

对于企业来说，员工晋升管理最直接的呈现方式就是制定员工晋升管理制度，让员工能够通过晋升管理制度了解到企业内部的晋升通道、晋升考核办法、晋升应该具备的资格和能力等。那么，作为呼叫中心管理者，就要切实考虑如何制定适合企业的晋升管理制度。制定晋升管理制度主要考虑的核心点是晋升的依据，即如何具备晋升的资格、如何进行评价，即考核办法。

（1）制定晋升依据

对于以绩效导向为主要经营考核指标的呼叫中心企业来说，一线员工的晋升主要以绩效结果为考核依据，也就是绩效优秀的员工更容易获得晋升。其他如考勤等可作为辅助参考依据。绩效指标达成率高的一线坐席人员更容易晋升为小组班组长。

从班组长向主管及以上岗位晋升，除了绩效目标的达成率作为考核依据之外，还应该考察员工的沟通能力、与人相处能力、语言表达能力、组织协调能力、书面文字表达能力等综合职业水平，以来评定该员工是否具备一般管理者的职业素养。

（2）确定晋升方法

1）比较法。列出考察项目，如工作表现、工作态度、能力、资历等，将员工两两进行对比，评出优秀者，确定为晋升人选。

2）主管人评定法。由部门主管根据考察项目对晋升对象进行评定。使用此方法，应首先设计好评定的量表。考察项目视职务要求情况可多可少，但一般包括业务知识、管理能力和人际关系。

3）评价中心法。主要适用于管理人员，特别是高层的管理人员的晋升评价。其特点是综合利用多种测评技术对候选人的个性、兴趣、职业性向、能力、管理潜力等进行综合的评价，最后通过比较测评结果选拔出适当的晋升人员。

4）考试法。这是一种经过特殊的考试取得晋升资格的方法。它规定凡是具有晋升资格的人员需参加升等考试，同时参考工作绩效的得分。一般来讲，工作绩效成绩占30%~40%，而升等考试成绩占60%~70%。两个成绩加权得分作为升等考试的总成绩，得分高者获得晋升。

5）综合法。将多种晋升方法综合起来选拔晋升者的一种方法，综合法对晋升者的考察比较客观、全面。

呼叫中心的岗位晋升主要以绩效考核为主，结合其他考核办法来进行晋升评定。

2. 帮助员工制定职业生涯发展规划

（1）职业生涯发展的一般路径

呼叫中心的员工，尤其是一线坐席人员大部分都是年轻人，很多都是刚刚从学校毕业进入工作岗位，缺乏明确的职业发展规划，进入到企业也是以上级安排的工作任务为主，很难有拓宽工作路径的机会。进入呼叫中心后，每天都要面对大量服务电话和远端的客户，工作的重复性也很容易让一线员工有迷失感。因此，作为呼叫中心管理者，将适合企业内部或整个行业发展的职业规划理念贯穿到培训和日常的员工辅导中，将对一线员工有很大的帮助，有利于激发员工努力工作的积极心态，对于创造一个好的工作氛围，提升员工绩效成绩都有非常大的激励作用，对员工的长远发展也有非常好的指导作用。这是管理者应该承担的职责。

1）纵向发展。纵向发展主要是在业务线上进行职级的升级，如果基层员工有管理意向，可以进行更加全面的观察了解，总结出上司工作需要什么样的工作技能，发现自己与上司的差距在哪里。

在呼叫中心，一线员工在掌握了业务流程、系统操作、产品知识等基本能力之后，主要是在工作效率、KPI 绩效和面向客户解决问题的能力以及组织能力方面有待提升。这些一方面要在工作实践中提升，另一方也要多留心学习，在工作中积累经验。

呼叫中心向上发展的路径：

① 坐席人员——坐席班组长——坐席主管——项目经理——运营经理。

② 坐席人员——坐席班组长——坐席主管——质检主管——质检经理。

以上是呼叫中心一线坐席人员在业务运营与管理业务线中纵向发展的一般路径。

2）横向发展。从基层做起，结合兴趣点和自己的能力，以自己所做岗位开始向其他相关岗位辐射。因为横向发展往往也是伴随着职位级别的升迁，需要有更高的管理能力和沟通能力，而不是所有的人都适合这样的发展路径。有的人更适合于在业务上深入钻研，成为专家型的业务骨干。

从呼叫中心的岗位设置来看，一线基层员工除了向业务运营经理路线发展之外，还可以横向向培训师岗位发展。呼叫中心培训师除了具备良好的表达能力、讲课能力、制作课件能力之外，也需要具备呼叫中心的从业经验。因此，作为呼叫中心管理人员，在培养员工的过程中，也可以帮助员工更好地认识自己，了解其他岗位，提早做好职业发展路径规划，这样员工也会明确工作的目标，企业也能从内部培养更具有忠诚度的员工。

横向发展路径如下：

① 坐席人员——坐席班组长——坐席主管——培训专业——培训经理。

② 坐席人员——坐席班组长——质检专员——质检经理。

以上是呼叫中心职业发展规划路径的两种类型，在实际工作中，往往都是纵向和横向融合交叉发展的。

各级管理者需要每半年度对其直接下属制定员工发展计划并以半年为期及时进行回顾和调整；员工发展计划可参考表2-4。

表2-4　员工发展计划

发展方向	发展计划	适用对象	员工发展内容
业绩提升	再培训	1. 过去6个月中有3个月不能达成绩效 2. 达成绩效，但是位列团队末30%	1. 进行现有岗位知识和技能的再培训 2. 提供技能专家的一对一辅导
	转岗	进行现有岗位的知识和技能培训后未能掌握必需知识	重新进行性格和能力测试，推荐至其他岗位
	离职	一对一辅导后未能提升业绩	离职处理
纵向发展	专业培训	过去6个月中全部达成绩效位列团队前20%	参与客户组织的更高专业技能培训
	管理培训	1. 过去6个月中全部达成绩效位列团队前20% 2. 通过客户组织的更高专业技能培训	参与公司或者客户组织的管理技能培训
	晋升	1. 过去6个月中全部达成绩效位列团队前20% 2. 通过客户组织的更高专业技能培训 3. 通过公司或者客户组织的管理技能培训 4. 有职位空缺	晋升到更高职级
横向发展	轮岗	过去6个月中全部达成绩效位列团队前50%	被安排到其他岗位进行不超过6个月的临时性工作
	转岗	1. 过去6个月中全部达成绩效位列团队前50% 2. 有岗位空缺	被安排到其他岗位从事超过6个月的长期性工作
综合发展	项目组员	过去6个月中全部达成绩效位列团队前20%	被安排参与各类项目小组，成为组员，承担本职工作以外的职责
	项目组长	1. 过去6个月中全部达成绩效位列团队前20% 2. 成功被安排参与各类项目小组，成为组员，并获得良好绩效	被安排参与各类项目小组，成为组长，承担本职工作以外的职责

（续）

发展方向	发展计划	适用对象	员工发展内容
综合发展	晋升	1. 过去6个月中全部达成绩效位列团队前20% 2. 成功被安排参与各类项目小组，成为组员，并获得良好绩效，被安排参与各类项目小组，成为组长，承担本职工作以外的职责，并获得的良好绩效 3. 有职位空缺	晋升为更高职级管理人员

（2）例会执行及员工辅导

作为呼叫中心的中层及以上管理人员，除了在员工入职之初，帮助其建立职业生涯规划意识之外，还应该将其职业生涯升迁所需的能力贯穿在日常工作的辅导之中。呼叫中心企业一般在一天的工作结束后召开班组例会，由项目主管将一天工作中出现的问题、绩效情况进行沟通，对需要改善的地方进行说明，帮助员工提升。除了业务范畴的例会内容之外，对于一些绩效达标、工作心态积极的员工，还可以进行针对性的辅导，帮助他们看到自身能力需要提升的地方，逐渐在工作实践中帮助他们去改善和提升，以达到未来可以胜任其他岗位的能力。

呼叫中心职业晋升管理流程

企业的人员总是处在流动之中，一方面，组织与外部的环境进行交流形成组织人力资源的流入与流出；另一方面，组织内部的人员也处在不断调整中，以确保组织发展壮大。通过对企业人员异动制度的设计，能有效地提高人力管理和实际操作水平，达到科学合理运用组织的人力资源的目的。

人力异动包括人员升降职、调动、免职及停薪留职等多项工作内容，其中，升（降）职无疑处于核心地位，因此，在设计人力调整制度时，将主要以晋升管理为例，借以解决人力异动制度设计必须解决的3个核心问题：人员晋升管理；降职（级）、调动与停薪留职的管理；辞职、辞退和资遣管理。对于企业来说，晋升管理是企业内部良性流动的有效手段。

1. 晋升依据

由于晋升意味着更大的权利和更好的福利待遇，对任何员工来讲都是极具诱惑的。但是在做出是否提升某人的决定时所遇到的最重要的决策就是，晋升的依据和标准是什么？标准主要有以下几个：

1）对员工过去的工作绩效进行界定与衡量。

2）利用一些测试方法对员工的潜力做出评价。

2. 晋升过程正规化管理

应制定并发布正规的晋升政策和晋升程序，企业应向员工提供正式的晋升政策解释，详细说明晋升的资格和条件是什么。空缺的职位及其对从业者的素质要求都将公布出来传达到每一个员工。这样在出现空缺职位时，所有合格员工都能考虑到，而且也形成了晋升与工作绩效之间的紧密关系。

3. 客户服务人员晋升路线设计

在具体设计每个职位的晋升路线需要遵循的几点原则是：

1）对于每一个职位都需要明确的《职位说明书》，明确该职位的工作职责，所需要的专业知识、技能、经验、工作性质、目的、程序等。

2）明确该职位可能晋升的职位的工作责任、性质、程序，所需的技能、知识、经验、工作环境等。

3）说明该职位人员晋升到新职位是否需要专门培训，培训期间及是否需要掌握新的技能、知识，还需在哪方面予以提高。

4）说明从一职位晋升到另一职位所需要的平均时间。

4. 晋升的程序和方法

人员晋升有固定的工作程序，人员晋升的程序如图 2-3 所示。

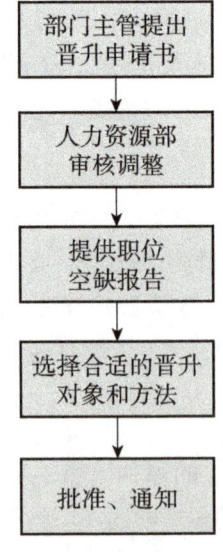

图 2-3　呼叫中心晋升管理流程

（1）部门主管提出晋升申请书

部门主管根据部门发展计划，检测需要增补的岗位，然后根据本部门职位空缺情况，提出晋升申请。

（2）人力资源部门审核调整

审核人力资源部门对部门发展计划的可行性；部门内人员辞退、辞职人数是否属实；晋升人员是否符合晋升政策；本部门的职位空缺状况等作进一步审核。

（3）提供职位空缺报告

说明组织内空缺职位名称、空缺原因、空缺人员数量及候选人名单及情况介绍。

（4）选择合适的晋升对象和方法

在选择合适的晋升对象时，应以一定的选拔标准作为判断的基准，员工晋升的依据和标准通常如下：

1）绩效（工作表现）：从工作完成的质量和数量两个方面进行考察。

2）工作态度：评价候选人工作努力的程度以及热情和进取精神。

3）能力：综合考察与工作相关的技能和潜力。

4）适应性：接受新环境并适应的能力。

5）人品：从个人的诚实性、勤勉性、容忍性、合作精神等各个方面进行评价。

6）资历：服务年限和以往的工作经历。

7）领导潜力：对从基层向管理层晋升的人员，需要考察领导能力是否具备。

（5）批准、通知

在晋升申请获批后，由人力资源部给相关人员和部门发送人员调整通知。

任务拓展

1. 实训任务：完成与上级的一次晋升面谈。

2. 任务形式：两人一组协同完成。

3. 任务时限：20min。

4. 任务要求：

1）完成晋升申请书的撰写。根据背景资料描述，在拟晋升岗位中选择一个你要晋升的意向岗位，并向你的上级（小组成员扮演上级）提交晋升申请书。晋升申请书围绕你的工作经历、以往工作的主要岗位职责、自身在工作岗位中具备何种优势、为什么选择晋升该岗位、是否具备相应岗位能力等方面展开描述。

2）完成晋升面谈。根据背景资料，在提交书面申请之后，上级还要进行一次面谈，主要围绕你的以往工作内容和未来岗位工作内容展开，来考察你是否具备合格的任职资格。请与你的组员完成这次模拟面谈。

3）完成后，扮演上级的同学对你搭档的书面申请和面谈表现做一次评价。评价点：

① 升职申请是否得到通过？申请人的任职资格是否得到了充分的展示？你认为他是否具备合格的升职条件？

② 面谈中哪些地方表现得比较好，哪些地方还需要改善？

4）互换角色重复一遍以上模拟演练过程。

背景描述：

你在一家外包型呼叫中心工作，担任呼叫中心坐席主管职位，带有一个10人的项目团队，该团队主要负责一家大型电子产品的售后服务工作，包括售后问题解答、产品使用咨询、投诉处理等。在任主管的两年时间里，你的工作除了自己处理大量的售后投诉之外，还要负责整个团队的绩效达成，员工的日常问题辅导。每天的晨会和夕会，都会带着团队梳理当天工作中发生的状况和问题，帮助团队提高工作效率。

随着工作经验的积累，公司也在逐渐扩大规模，有了更高的发展空间，需要呼叫中心项目经理、呼叫中心总监、呼叫中心培训师等岗位，更倾向于发展内部合适的员工进行晋升。于是你选择进行毛遂自荐。

以下是公司内部员工晋升流程：

提交晋升申请报告——上级面谈——晋升审核——批准——上岗。

任务 3　呼叫中心团队绩效管理

任务分析

在现代企业管理中，绩效管理是提高效益、激励团队和培养优秀员工的重要管理制度，无论企业处于何种发展阶段，绩效管理对于提升企业的竞争力都具有巨大的推动作用，进行绩效管理都是非常必要的。绩效管理作为人力资源管理的重要组成部分，表面上看是在管理人员的产出，实际上不仅是在管"人"，更重要的是通过绩效管理，促进组织和个人绩效的提升，促进管理流程和业务流程的优化，进而促进整个企业的战略目标和经营目标的实现。

呼叫中心客服人员的绩效考核与管理，是呼叫中心在营运管理中非常重要的一环，是激励员工、有效管理员工的直接手段。通过绩效管理，提高员工工作积极性，提升了呼叫中心服务品牌。客服人员所表现出来的服务质量，代表客户对于呼叫中心的评价，也代表客户对所服务企业品牌和产品的评价，是企业长远发展、维系客户、取得长远发展的保障。

相对于企业一般型企业管理来说，呼叫中心作为人力密集型企业，其绩效管理更强调数字化管理，绩效指标具有可量化的数据，并能够通过数据分析来改善绩效指标，提升服务质量。本任务将介绍呼叫中心的主要绩效指标以及制定依据，期望能够给未来进入呼叫中心管理层级的人员，建立较为体系化的绩效指标制定思路和考核方法，通过学习和实践，能够具备合格的呼叫中心管理人员的基本素养。

任务实施

客户服务绩效管理是一个完整的系统，包括绩效计划目标、绩效沟通、绩效考核和绩效反馈四部分内容。绩效计划制定是绩效管理的基础环节，不能制定合理的绩效计划就谈不上绩效管理；绩效辅导沟通是绩效管理的重要环节，遗漏了这个环节，绩效目标总是不能落到实处，总是会与计划目标有一定的距离；绩效考核评价是绩效管理的核心环节，绩效考核过于快速，很容易将绩效管理变成形式主义，绩效目标的设定也将毫无意义。绩效考核过于死板，也会给员工心理造成负面情绪，给公司带来负面影响。绩效结果应用是绩效管理取得成效的关键，如果约束机制存在问题，绩效管理就不会取得预期的成效。

1. 制定绩效计划与目标

绩效计划与目标的制定是绩效管理体系的第一个关键步骤，是指管理者与员工共同讨论，就实现目标的时间、责任、方法和过程进行沟通，以确定员工以什么样的流程、方式和效率完成什么样的工作、达到什么样的结果的一个管理过程，它包括绩效管理实施的具体计划和绩效目标两部分。

具体计划是对绩效管理的整个流程运作从任务上、时间上、方法上进行总体规划，如在哪一具体时间段开展什么工作以及谁来做、做的具体效果要达到什么水平和层次等细节性问题。绩效目标的制定要来源于企业战略目标并能支撑它的实现，还需要全体员工的认同，只有企业与员工双方认可的绩效目标才能对员工产生实质性的激励和导向作用，因此绩效目标要尽量采用参与性的方法共同制定。

作为呼叫中心管理者，制定呼叫中心团队的绩效计划要符合整个呼叫中心的绩效目标，从而分解某个管理者所负责的团队的绩效目标中去，根据整体绩效目标制定团队绩效目标，根据团队绩效目标来制定具体的绩效计划。在前面已经学习了呼叫中心的各项KPI，那么作为呼叫中心中层及以上管理者，在制定团队绩效目标计划的时候，要根据整个呼叫中心的战略目标来进行分解团队绩效目标。

2. 绩效沟通

在明确了各自绩效任务计划和目标之后，管理者的工作重点就是在各自的目标实现过程中对员工进行指导监督和沟通。既要对员工的成绩认可，又要对员工实现的目标进行帮助和支持，同时还要根据现实情况及时修正目标，保证员工的工作能够正常地开展，使绩效实施的过程顺利进行。

在呼叫中心，班组基本每天都会有小组例会、早会或晚会，通常利用例会的时间来进行一天的工作内容说明，或者对当天在工作中出现的问题进行总结，组长或主管会利用这个时间段对小组成员中出现的问题进行辅导，帮助其改善绩效。

3. 绩效考评

呼叫中心的绩效管理核心就是KPI管理，目前呼叫中心越来越趋向精细化、数字化管理，KPI管理成为一种有效的管理手段。通常，呼叫中心的运营管理者们通过分解运营目标制定各种KPI，通过KPI来引导坐席代表行为，从而完成项目运营目标。

一般来说，可以将呼叫中心绩效管理分为基层坐席人员、中层管理者与高层管理者三个方面，各岗位制定与之配套的绩效考核指标，并在之间建立密切关联项，起到良好的薪酬管理目的。

（1）指标分解

首先根据呼叫中心总体经营目标制定总的KPI，这个指标可能只有3~5个，呼叫中心的总经理只需要关注这几个KPI就可以清楚了解呼叫中心的运营情况。其次将呼叫中心总的KPI分解到各业务部门，制定各业务部门的KPI，这时部门关注的指标数量相较之下会有大幅增加。然后由部门经理根据部门指标制定部门员工的具体指标。这种层层分解的制定方法（见图2-4），最终可能会导致不同的管理层和业务部门关注的KPI各不相同。但是各种KPI最终保证了最高管理层KPI的实现。

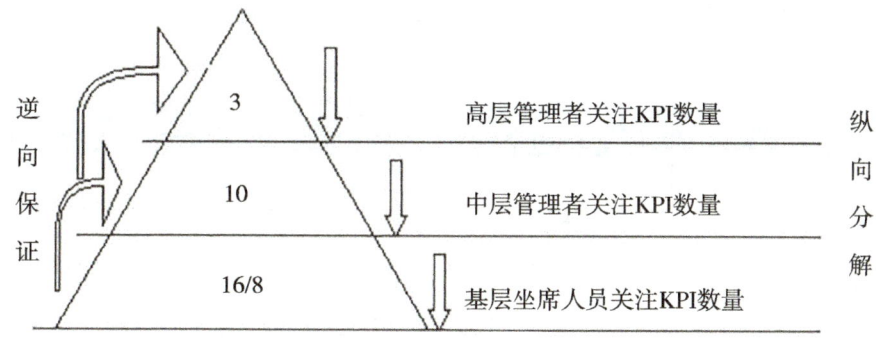

图2-4　层层分解的制定方法示意图

（2）以业务类型和客户需求为基础，设计不同的KPI

在综合型的外包呼叫中心，业务类型非常多，要根据不同业务类型制定不同的KPI。一般根据电话进出可将呼叫中心可以分为呼入型和呼出型。呼入型呼叫中心关注的KPI可见表2-5。

表2-5　呼入型呼叫中心关注的KPI

	高层管理者	中层管理者	基层坐席人员
客户满意度	☆	☆	
员工工作效率		☆	
成本利润率	☆	☆	
平均单呼成本	☆	☆	
平均通话时长			☆
平均后处理时长			☆
一次性问题解决率		☆	☆
投诉率		☆	☆
平均等待时长		☆	
服务态度		☆	☆
行业服务水平	☆	☆	
人均接听量			☆
接通率		☆	
业务能力考试		☆	☆
监听得分		☆	☆

对于呼出型业务来说，要根据不同的呼叫业务制定具体KPI。例如，对于市场调查项目，客户关心的是呼叫中心能否按量、按质、按时提交最终的调查结果，而呼叫中心的高层管理者关心的是这个项目是否让客户满意、能否按时收回服务费用以及该项目的最终能否赚钱。所以根据各个族群不同的关注内容制定KPI体系，见表2-6。

表2-6 根据各个族群不同的关注内容制定KPI

	高层管理者	中层管理者	基层坐席人员
客户满意度	☆	☆	
成本利润率	☆	☆	
员工工作效率		☆	
平均单呼成本	☆	☆	
行业竞争力	☆	☆	
平均通话时长		☆	☆
平均后处理时长		☆	☆
人均呼出量		☆	☆
呼出接通率		☆	
人均成功量		☆	☆
出勤率		☆	☆

（3）常用考核办法

1）高层管理者常用考核办法见表2-7。

表2-7 高层管理者常用考核办法

KPI	指标描述	目标值	考核占比
项目收益平衡	保证项目收支比例，年度盈亏值目标达成	≥100%	40%
团队建设成长	项目期间员工稳定	月人员流失率≤7%	25%
	项目期间管理人员培养	基础管理团队工作绩效达标率≥90%	5%
合作维护稳定	有效维护与甲方客户的合作关系，能够推进业务量的稳定和增长	非周期性甲方业务量缩减≥90%	5%

(续)

KPI	指标描述	目标值	考核占比
汇报及时准确	报表制作、数据核算、工作汇报等及时准确	按照上级领导要求及时准确提交相关报表	5%
运营指标达成	根据项目协议工作效率及质量的KPI指标	根据服务协议描述	20%

2）中层管理人员常用考核办法见表2-8。

表2-8 中层管理人员常用考核办法

KPI	指标描述	目标值	考核占比
盈亏目标达成率	盈亏目标达成率=(本小组经营收入−本小组经营成本)/小组盈利目标	100%	25%
成功率	成功率=个人确认成功量/新单处理量	95%	10%
及时处理率	及时率=指客户下单后及时联系酒店接单处理的及时率	90%	5%
个人处理量	个人处理量=个人确认成功量+首拒量	250	20%
质检合格率	质检合格率=质检合格数/质检抽查量	95%	15%
出勤率	出勤率=实际出勤工时/应出勤工时×100%	90%	5%
人员流失率	月流失率=本月离职员工总数/[（月初员工总数+月末员工总数）/2]	4%	5%
其他日常管理工作	质量分析、工作汇报、日常团队管理	及时准确	15%

3）基层坐席人员的KPI因业务类型不同而区别较大，指标目标值及考核占比都要结合项目整体情况制定，常用的考核指标及目标值见表2-9。

表2-9 基层坐席人员常用考核办法

指标分类	考核指标	目标值
效率指标	通话量	根据业务制定
	电话接通率	90%
	订单成功率	根据业务制定
	出勤率	95%
	平均处理时长	根据业务制定
	平均通话时长	根据业务制定

（续）

指标分类	考核指标	目标值
质量指标	培训考核成绩	90 分以上
	质检成绩	90%
	客户投诉率	0%
	一次解决率	85%
	客户满意率	80%

4. 绩效反馈与面谈

绩效管理过程并不是为绩效考评打出一个分数就结束了，管理还需要与员工进行一次甚至多次面对面的交谈，全面解读绩效考评结果。解读绩效考评结果应完成 4 个问题：①沟通工作内容；②沟通工作内容完成的结果和质量；③沟通工作结果的原因；④沟通改进方法。

通过绩效反馈和面谈，主管能够了解对小组成员的期望，了解自己的绩效水平，认识到自己有待改进的地方。

绩效面谈的主要目的也是为了绩效改进，绩效改进是绩效管理的一个重要环节。现代绩效管理以员工能力的不断提高以及绩效的持续改进和发展为根本目的，所以绩效改进工作的成果与否是绩效管理过程是否发挥效用的关键。

在呼叫中心，上级主管发现下属员工缺乏的技能和知识后，一方面主管应该通过面谈和辅导的方式帮助员工进行提升，另外也应该为员工有针对性地安排一些培训项目，及时弥补员工能力的不足，既能满足完成工作任务的需要，又可以使员工同时进行学习和提升，对企业和员工来说都是双赢的选择，员工在这样的工作环境和氛围中，也更愿意贡献自己的力量。这也是稳定呼叫中心员工团队，防止员工大量流失的有效措施。

1. 制定绩效考核目标的一般原则（SMART 原则）

目标管理是使管理者的工作变被动为主动的很好的手段，实施目标管理不但有利于员工更加明确、高效地工作，更是为未来的绩效考核制定了目标和考核标准，使考核更加科学化、规范化，更能保证考核的公开、公平与公正。

绩效考核最为关键的一步就是绩效目标的制定。很多企业管理层在和员工制定绩效目标的时候，往往对于目标的描述过于含糊，这就直接造成了在绩效考核的时候无法准确考核，员工在工作过程中也会因为没有明确的绩效要求而缺乏明确的绩效质量目标。在制定绩效目标的时候，目标的设置要符合 SMART 原则（具体设置原则见项目 1 任务 2 中的必备知识）。

2. 绩效考核的内容与方式

（1）考核内容

绩效考核按照考核的内容来分，可以分为：

1）品质导向型：这种考核并不考核员工的工作能力，而是侧重于员工的个人特性，如决策能力、对企业的忠诚度、主动性、创造性、交流技巧、自信程度、合作精神和沟通能力等内容，主要考察员工在工作技能之外的综合素质。

2）行为导向型：重点评价员工在工作中的行为表现，即工作是如何完成的。

3）效果导向型：重点在于产出和贡献。这种方法是为员工设定一个最低的工作绩效标准，然后将员工的工作结果与之相比较。

（2）考核方式

1）按考核时间分类，可分为日常考核与定期考核。

① 日常考核。指对被考核者的出勤情况、产量和质量实绩、平时的工作行为的经常性考核。

② 定期考核。按照一定的固定周期所进行的考核，如年度考核、季度考核等。

2）按考评主体分类，可分为主管考核、自我考核、同事考核和下属考核，即"360 度考核方法"。

3）按考核结果的表现形式分类，可分为定性考核与定量考核。

① 定性考核的结果表现为对某人工作评价的文字描述或对员工之间评价高低的相对次序以优、良、中、差等形式表示；

② 定量考核的结果则以分值或系数等数量形式表示。

3. 客户服务绩效管理的特点

（1）强调系统

客户服务绩效管理是一个完整的系统，不是一个简单的步骤。绩效管理不等同于绩效考核，企业做绩效考核表，量化考核指标，实施了年终考核，并不是绩效管理的全部。企业中绩效管理往往分为激励型和管控型两大类，激励型绩效管理侧重于激发员工的工作积极性，比较适用于成长期的情况；管控型绩效管理侧重于规范员工的工作行为，比较适用于成熟期的企业。但无论采用哪一种考核方式，其核心都应有利于提升企业的整体绩效，而不应拘泥于具体的考核指标。

（2）强调目标

客户服务绩效管理不仅强调导向，而且重视达成目标的过程，它强调"以人为本"，在目标制定和达成过程中需要管理者和员工的共同参与。企业目标和个人目标要具有一致性，企业和个人要实现同步成长，形成"多赢"局面，因此，企业客户服务绩效管理离不开目标管理。

（3）强调沟通

绩效管理不是简单的任务管理，它特别强调沟通、辅导和员工能力提高。沟通在客户服务绩效管理中起着决定性的作用，制定绩效要沟通，帮助员工实现目标要沟通，年终评估要沟通，分析原因寻求进步也需要沟通。总之，绩效管理的过程就是员工和经理持续不断沟通的过程。因此，作为管理者，要具备良好的沟通能力。

任务拓展

1. 实训任务：制定合理的绩效考核目标。

2. 任务形式：小组团队共同完成。

3. 任务时限：20min。

4. 任务背景说明：

华唐呼叫中心是服务于一家大型商旅企业的外包型呼叫中心，主要是服务于酒店预订和机票预定的客户。在机票预定业务中，主要的业务是在线预定、电话预定、电话改签退票以及投诉。作为主管，你的下属客服代表经常抱怨客户投诉的原因，你也发现客服代表的工作效率不够高，包括电话接通率不够高，一次性问题解决率较低等问题。现在需要你与下属客服代表共同制定一下绩效目标，并做一次绩效面谈，来帮助他们改善绩效，提升工作效率。

5. 任务要求：

1）小组成员共同完成。1名扮演呼叫中心某项目组项目经理，1名扮演呼叫中心客服人员，项目经理需要和客服人员共同做一次绩效沟通面谈，给客服坐席人员制定合理的绩效目标。

2）绩效目标制定要符合呼叫中心业务特点，并符合SMART原则。

3）将制定的绩效目标形成书面形式——绩效目标计划表。

4）编写完成后请与小组或班级成员分享你的绩效目标计划表的制定思路。

Project 3

项目 3
呼叫中心话务预测与排班管理

项目描述

通过一段时间坐席代表工作的锻炼,花花的能力受到高层的认可,最终担任运营中心的管理岗位,主要负责运营中心的数据分析与排班管理工作。排班管理在运营管理中起到的作用重大,可以从以下几个角度进行说明:

现场管理角度。客户中心现场管理是现场管理团队依据既定的运营目标,引导坐席代表按照计划开展工作,及时发现问题并进行合理地调整。如果现场管理是提升坐席代表工作效率、达成公司经营目标、实现公司战略的核心组成部分,那么科学、合理的排班管理是实现有效现场管理的前提条件。排班管理在保证呼叫中心服务水平的基础上,将具备一定业务能力的坐席代表与其工作安排进行有效搭配,实现精细化管理。

运营成本角度。无论企业规模大小,都需要人员、技术等方面的资源与资金投入,进而向消费者提供产品或服务并获取相应的报酬。作为人力密集型的行业,呼叫中心的历史数据显示职工薪资(包括基本工资、绩效奖励、福利费)约占总成本的 70%,说明人力成本的管控在呼叫中心运营中的重要内容之一。预测排班管理要实现经营目标和成本的一种权衡:保证服务品质,同时合理控制自身的运营成本,实现运营成本的有效控制。

国内的呼叫中心经过近 30 年的发展,过去单纯凭借经验进行排班已不满足现在呼叫中心人员安排的需求。精准预测排班已经是呼叫中心行业重点关注的内容,一些呼叫中心还会专门设置排班管理员岗位,负责研究公司未来业务发展趋势,配合人力资源部门制定招聘计划,并根据实际业务发生情况进行实时调整。

任务 1 呼叫中心数据提取与整理

任务情景

花花：师傅，你好，我刚到管理岗位不久，有好多问题想跟您请教。

糖糖：没关系，花花。管理岗位对个人能力的要求较多，起初遇到许多不懂的问题是很正常的，我们可以一步一步地学习、演练。

花花：师傅，我负责排班管理的工作，但我不知道从哪里开始做起，比如话务数据应该从哪里收集，根据什么标准进行调整。

糖糖：不要着急，那么我们就从排班管理的第一项任务开始学习，呼叫中心数据提取与整理。

任务分析

预测话务量是管理团队对坐席代表进行排班的依据，而要通过定量方法较准确地预测未来期间呼叫中心的话务量，可以参照历史通话量来判断话务的未来变化情况。然而过去的通话记录的数量是庞大的，而且有些数据会对预测话务量的结果产生偏差。因此，要结合呼叫中心所承担的业务类型对原始数据进行相应的整理与修正。

在实际中，一些外部或内部因素会导致呼叫中心话务量的剧增或骤减。如在上个月包含着中小长假期，那么假期的临近会增加客运客服运营中心所承接的通话量，在对下个月的话务量进行预测时，如果直接使用由系统生成的历史通话量，没有对原始数据进行相应的整理，剔除节假日对话务量的影响，就会导致对下个月（无节假日）话务量预测值的高估，后期排班人数的剩余，最终造成运营中心的成本浪费。

因此，对数据进行整理是话务预测的必要环节，也是人员排班管理的基础。只有对异常的历史通话数据合理地进行调整，去除其话务量的影响因素，才会最大限度地保证后期对话务量和配备人数的准确性。在一些大型的呼叫中心，都会安排一些专门负责数据采集与整理的岗位，这足以说明数据采集与整理在呼叫中心管理中的重要意义。

在呼叫中心话务预测过程中,只有搜集到话务预测相关的数据,并合理地进行调整,剔除会对预测造成偏差的数据,才能得到更为精准的预测话务量。要掌握数据提取与整理,应清楚呼叫中心数据的来源、内容和调整方式。

1. 获取话务预测的相关数据

在强调呼叫中心信息化的背景下,数据来源主要是三个方面:呼叫系统、公司内部部门和外部平台。

（1）呼叫系统

现代信息化的呼叫中心凭借多功能集成系统提供服务,同时可以获取系统实时记录的话务量数据,如CTI（Computer Telephone Integration,计算机电话集成）、CRM（Customer Relationship Management,客户关系管理）系统中记录的通话量、ACD（Automatic Call Distribution,自动呼叫分配）系统提供的呼叫中心业务报表。

CRM系统提供每位客户的通话记录。CRM技术常用于呼叫中心记录拨打电话客户的个人信息、咨询内容、日期等,方便坐席代表在下一次接听客户电话时,通过计算机弹出的信息摘要来快速地掌握关于客户较完整的信息,加强服务针对性,提高服务质量。在进行话务量预测时,可以利用CRM记录的每一笔发生通话的业务,再加上人为地对数据进行微调,作为预测的样本数据。

IVR（Interactive Voice Response,交互式语音应答）系统显示客户选择人工服务的次数。IVR系统帮助呼叫中心为拨打电话的客户提供24h服务,提高呼叫中心的服务质量。由于IVR可以为坐席代表分担部分通话服务,不但缓解坐席代表业务压力,还减少通话呼损率与重复拨打率,因此IVR系统记录的通话量可以作为进行话务量预测所需的历史数据。

ACD系统可以高效地批量处理来电转接功能,将客户与坐席代表进行智能分配;排队时间相对较长的客户优先得到接听,空闲时间较长的坐席代表最先收到接听来电。ACD系统提供的报表包含排队过程中客户放弃呼叫的数量,这部分呼叫的数量是影响话务预测需要的历史数据的因素之一。

（2）内部部门

话务预测不仅是通过对历史话务数据的计算而得出的预测值,还需要考虑其他因素,如人力部门的人员流失率、财务部门的人力预算、市场部的推广计划等,因此公司各部门的信息搜集也是话务预测的必要内容。为了加强内部的沟通与交流,从而保障信息的有效流通,有些企业会专门建立信息岗,主要处理部门之间的信息搜集与传递,确保话务预测工作的准确。

（3）外部平台

呼叫中心常运用 KPI 分析整体管理水平。其中，服务水平和客户满意度是评估呼叫中心对外业务水平的重要指标之一，是体现一个运营中心在本行业竞争力的重要内容。呼叫中心在设定服务水平和客户满意度指标的目标值时，会分析行业整体的服务水平和客户满意度，将其作为参考值。在一些大型呼叫中心企业，尤其是重视客户满意度的公司，会专门设立"客户关系管理专员"，作为呼叫中心和客户直接沟通的渠道，定期总结并记录客户关于呼叫中心运营方面的评价，并向有关部门汇报调查结果。除此之外，呼叫中心会利用线上问卷调查，询问客户对呼叫中心服务流程、客服人员的服务态度满意度，并对调查结果归类整理，如图 3-1 所示。

华唐客服关于客户满意度的问卷调查

尊敬的女士/先生您好，华唐客服重视每一位呼叫中心顾客的意见和建议，因此诚挚邀请您参加此次客户满意度问卷调查，希望您能对华唐客服的服务进行评价，帮助我们提升服务质量。本问卷采用匿名填写的形式，问卷信息仅供公司内部分析使用，感谢您的支持与合作！

根据您的情况，请在下方对应处标注"√"

1. 您咨询客服的方式
   ○网页在线
   ○手机 APP
   ○电话

2. 您可以随时联系到华唐客服进行相关咨询
   ○非常同意
   ○同意
   ○不确定
   ○不同意
   ○非常不同意

3. 华唐客服的员工态度友好礼貌
   ○非常同意
   ○同意
   ○不确定
   ○不同意
   ○非常不同意

4. 华唐客服可以立即解决您的疑问
   ○非常同意
   ○同意
   ○不确定
   ○不同意
   ○非常不同意

5. 请根据您对华唐客服的服务体验，在下列选项对应处标注"√"：

	非常满意	比较满意	不确定	不大满意	非常不满意
（1）服务持续性	○	○	○	○	○
（2）问题解答满意度	○	○	○	○	○
（3）服务态度（语速、耐心程度）	○	○	○	○	○
（4）接听速度	○	○	○	○	○
（5）通话时长的接受度	○	○	○	○	○

非常感谢您的参与！

图 3-1　呼叫中心问卷调查（部分截取）

呼叫中心排班管理需要的数据包括两部分：一方面是在进行话务量预测时主要依据的历史话务量，另一方面是话务量预测和人员数量计算时的影响因素。基于历史通话数据，通过定量计算得出相关指标平均值、月增长率、年增长率等，判断通话量的变化趋势。

此外，根据呼叫中心承接业务种类，一些外部和内部因素也会影响话务量的增长幅度以及人员配备的数量。其中，外部因素包括节假日期间话务量的减少、季节性推广活动导致客户咨询量增加、新品的上市、天气因素的影响（主要针对快递客服）等；内部因素主要有服务水平、平均通话处理时长、重复拨打率、人员休假安排、人员招聘规划等，因此话务量预测需要考虑以上因素的影响。

2. 数据修正

（1）报表生成话务量的修正

通常情况下，由呼叫系统（如 ACD）生成的通话报表不能直接用于话务量的预测，其中因一些因素（如客户听到忙音、中途放弃等）导致的重复拨打电话量的增加，将影响话务预测的精准度，因此需要对通话量进行修正。

一些企业的解决办法是每半小时统计一次通话量，其原因是依据从事呼叫中心的管理人员经验，总结出客户在半小时内重复拨打的概率较小，有效减少因客户重复来电导致的话务量统计误差。此外，一些企业在进行话务量预测时追求历史通话数据准确性，运用重复拨打率和放弃率的关联关系（在任务 2 将会进一步阐述线性回归分析），将放弃率代入方程算出相应的重复拨打率，进而对通话量进行修正。

在进行短期话务量预测时，还需要对不同因素导致的话务量数据异常进行调整。下面以华唐呼叫中心基于过去几周的通话数据预测未来一周每日的通话量为例进行说明。其中，5 月 4 日由于当天系统出现故障通话量骤减，因此需要用调节系数修正当天系统记录的通话量，如图 3-2 所示。此外，5 月 9 日因法定假日调休，星期六上班，导致周六的通话量增加，需要利用调节系数对其进行调整，进而确保能够预测周中周末的正常通话量，如图 3-3 所示。

调节系数	3	1	1	1	1	0.5	1
日期	5/4	5/5	5/6	5/7	5/8	5/9	5/10
星期	星期一	星期二	星期三	星期四	星期五	星期六	星期日
通话量	1300	3335	2289	3262	3317	3500	1647
调节系数	3			1	1	0.5	1
日期	5/4			5/7	5/8	5/9	5/10
星期	星期一			星期四	星期五	星期六	星期日
通话量	3900			3262	3317	1750	1647

数据分析师：系统故障、数据错误

图 3-2　系统故障

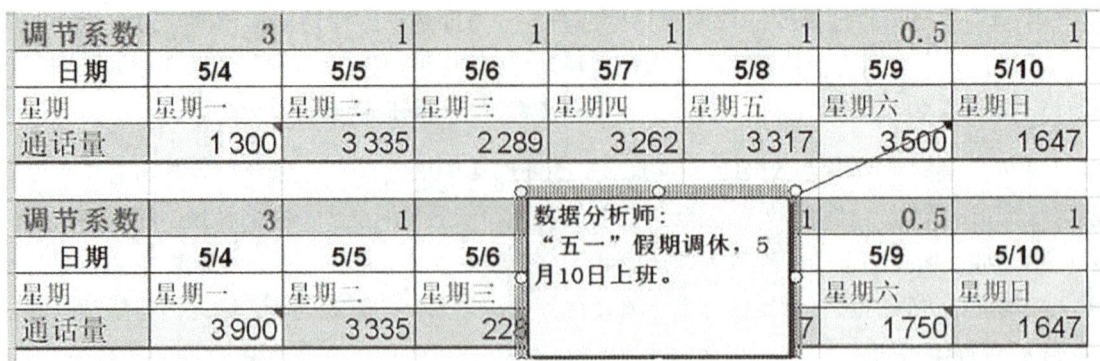

图 3-3 节假日调整

（2）话务正态分布曲线分析

由于呼叫中心的业务内容涉及多方面内容，如政策咨询、售后服务等，其话务量受到多方面因素的影响而产生变化。目前，一些研究文献对于特定区域的呼叫中心的历史话务量进行分析，结果表明，呼叫中心的日话务量服从正态分布，因此在判断单月中是否存在异常日话务量时，可以运用正态分布图判断异常话务量（离群点）。

1）绘制正态分布图的一般流程如图 3-4 所示。

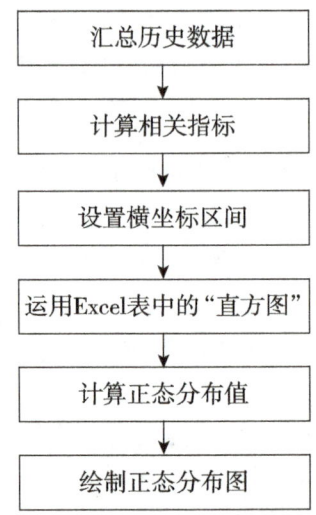

图 3-4 绘制正态分布图的一般流程

① 汇总历史数据：在呼叫中心数据分析中，通常需要汇总历史日话务量。在汇总过程中可以先定性地判断某一时期出现的话务异常情况，并进行相应的标注，以便后面的数据的计算。

② 计算相关指标：为了绘制正态分布图，需要先依据汇总数据，计算出对应的最小值、最大值、平均值、标准差。分组的组数、上下限与均值的距离系数等数值可以依据具体情况进行调整，通常会暂时设定一组数值"如组数设置为 10，距离系数设置为 2"，进而求出组距。

此外，还需计算横坐标区间的上限值和下限值，其数值通常设定为：平均值 ± 距离系数 × 标准差。

③ 设置横坐标区间：以下限值为初始值，往后的横坐标值通常设定为：相邻的上一个横坐标数值 + 组距。

④ 运用 Excel 表中的"直方图"：在 Excel 表中的菜单栏"数据"中，查找并单击"数据分析"，选择"直方图"，按照输入选项的要求添加数据，获得频率统计表。

⑤ 计算正态分布值：运用 Normdist（接收值，平均值，标准差，False）函数计算对应的正态分布值。

⑥ 绘制正态分布图：选择"频率（接收值）"、"正态分布值"插入折线图，将"频率"的图表类型更换成柱形图；将"正态分布值"设置为"次坐标轴"，最终完成图形的绘制。

2）实际应用

图 3-5 左部分是华唐呼叫中心 1 月的日话务量统计表，图 3-5 右部分是按照对应公式计算结果，其中组数和距离系数分别暂定 20 和 2，后面根据正态分布图进行调整。然后按照下限和组距设定横坐标区间值，并进行快速填充，如图 3-6 所示。单击 Excel 表中"数据"→"数据分析"→"直方图"命令，如图 3-7 所示，设置输入选项，获得频率统计表。

	A	B	C	D	E	F
1	1月	日通话量		数据统计表		
2	1	3 467		最小值	2 585	=MIN(B2:B32)
3	2	2 585		最大值	4 800	=MAX(B2:B32)
4	3	3 319		平均值	3 269.81	=AVERAGE(B2:B32)
5	4	3 126		标准差	392.72	=STDEV(B2:B32)
6	5	2 807		组数	20	
7	6	3 277		组距	116.58	=(E3-E2)/(E6-1)
8	7	3 216		上下限与均值的距离系数	2	
9	8	3 123		下限	2 484.36	=E4-E8*E5
10	9	4 800		上限	4 055.25	=E4+E8*E5
11	10	3 168				
12	11	3 168				
13	12	3 003				
14	13	3 009				
15	14	3 556				
16	15	3 189				
17	16	3 438				
18	17	3 189				
19	18	2 914				
20	19	2 887				
21	20	2 998				
22	21	3 146				
23	22	3 104				
24	23	2 990				
25	24	3 085				
26	25	3 411				
27	26	3 463				
28	27	3 370				
29	28	3 924				
30	29	3 466				
31	30	3 639				
32	31	3 518				

图 3-5 数据统计

	D	E	F	G	
1	数据统计表			横坐标区间	
2	最小值	2 585.00		2 484.36	=E9
3	最大值	4 800.00		2 600.94	=G2+$E$7
4	平均值	3 269.81		2 717.52	=G3+$E$7
5	标准差	392.72		2 834.10	
6	组数	20.00		2 950.68	
7	组距	116.58		3 067.26	
8	上下限与均值的距离系数	2.00		3 183.84	
9	下限	2 484.36		3 300.42	
10	上限	4 055.25		3 417.00	
11				3 533.58	
12				3 650.15	
13				3 766.73	
14				3 883.31	
15				3 999.89	
16				4 116.47	
17				4 233.05	
18				4 349.63	
19				4 466.21	
20				4 582.79	
21				4 699.36	

图 3-6　设置区间

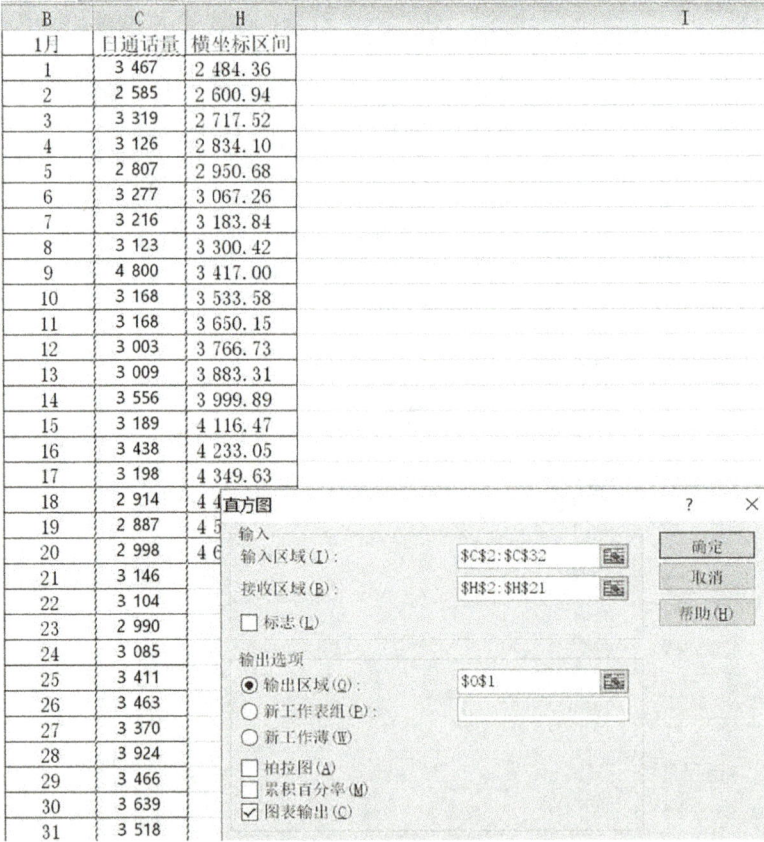

图 3-7　直方图

计算对应的正态分布值,选择数据"接收""频率"和"正态分布值"插入折线图,如图 3-8 所示。右击图中代表"频率"的折线,选择"设置数据系列格式"命令,设置为"主坐标轴",并单击"更改系列图表类型",选择柱形图,按照同样的方式,将"正态分布值"设置为"次坐标轴",保留折线图的图表类型。最终,获得的正态分布图,如图 3-9 所示。

	D	E	N	O	P	Q
1	数据统计表		接收	频率	正态分布值	
2	最小值	2 585.00	2 484.36	0	0.000137	= NORM.DIST(N2, $D$4, $D$5, FALSE)
3	最大值	4 800.00	2 600.94	1	0.000238	
4	平均值	3 269.81	2 717.52	0	0.000378	
5	标准差	392.72	2 834.10	1	0.000549	
6	组数	20.00	2 950.68	2	0.000730	
7	组距	116.58	3 067.26	4	0.000889	
8	上下限与均值的距离系数	2.00	3 183.84	7	0.000992	
9	下限	2 484.36	3 300.42	4	0.001013	
10	上限	4 055.25	3 417.00	3	0.000947	
11			3 533.58	5	0.000811	
12			3 650.15	2	0.000636	
13			3 766.73	0	0.000456	
14			3 883.31	0	0.000300	
15			3 999.89	1	0.000180	
16			4 116.47	0	0.000099	
17			4 233.05	0	0.000050	
18			4 349.63	0	0.000023	
19			4 466.21	0	0.000010	
20			4 582.79	0	0.000004	
21			4 699.36	1	0.000001	

图 3-8　正态分布值计算

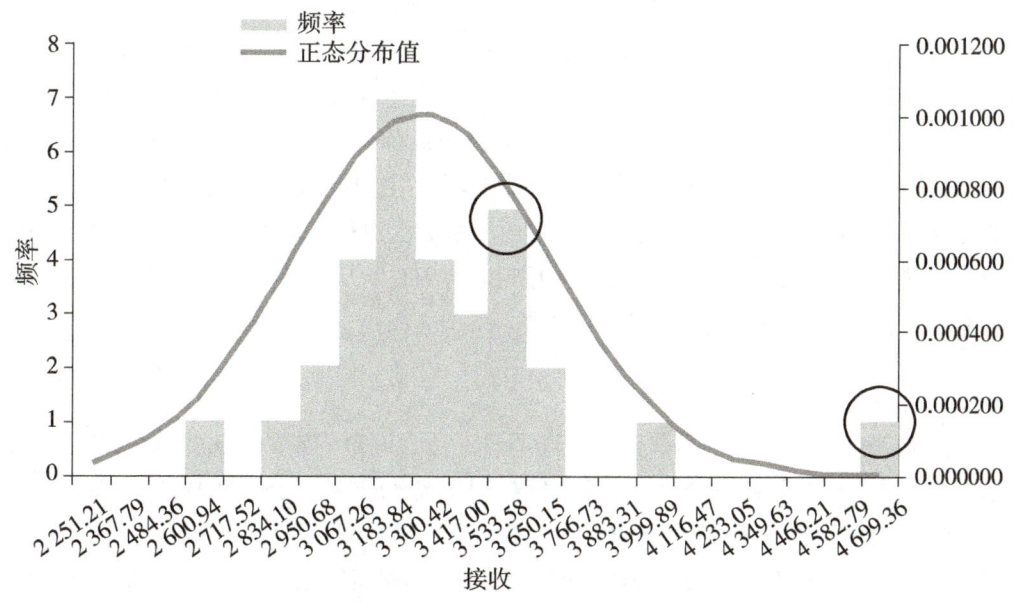

图 3-9　正态分布图分析

观察正态分布图，有两处出现了离群点，其发生频率明显高于正态分布标准。为了提高后期话务量预测的精准度，要进一步分析这部分日话务量异常的原因，必要时进行数据剔除。

1. 数据信息清洗与处理

在统计学中，无论是对某项指标的数据分析，还是基于样本的预测，都需要大量的数据支持。如果将搜集到的原始数据直接用于分析模型，不排除特殊情况、异常事件造成的干扰，就可能会导致研究对象变化规律的偏差，失去了数据分析的意义。

数据清洗与处理的格式，往往与选择的数据分析方法相关。通常情况下，分析时间序列数据时（例如话务量），分析人员应先绘制话务量原始数据的时间序列图，通常情况下采用折线图。分析人员应重点关注图中波动幅度较大的区域，综合具体业务情况，考虑处理该区域数据的方法，可采用移动平均、剔除等方法予以处理。此外，采用线性回归分析方法时，原始数据采集人员一般会根据分析对象属性特征来采集数据，导致原始数据中出现定性变量（例如性别因素、季节性因素、政策性因素等），导致在 Excel 中采用线性回归分析方法时失效，对此，分析人员应采用虚拟变量、赋值法等来处理定性变量的数据。因此，对原始数据进行相应处理是数据分析的必要环节。

在呼叫中心排班管理项目中，对预期话务量的预测需要依据大量的历史数据；而对于不同业务类型的呼叫中心，还应考虑所从事业务的行业特性，在进行话务预测时考虑不同的话务量影响因素。例如，对于从事销售咨询的客服运营中心，销售商的促销活动安排是在进行话务量预测时需要考虑的因素之一；对于从事电商物流的客服运营中心，促销节（如"双十一"、"双十二"）的临近是影响预期话务量的主要因素之一。除此之外，在进行长期话务量预测时，当地的新政出台（提出"消费季"）、极端天气的影响（主要针对运输物流的客服中心）、业务的季节性或周期性等因素都是在进行话务预测对原始数据进行整理时，需要考虑的相关影响因素。因此在进行话务预测排班时，还要结合呼叫运营中心所从事的具体业务范围，综合考虑相关影响因素，选择不同的数据整理与调整方式。

2. 调查问卷设计原则

调查问卷是广泛应用于学术研究、市场调研、社会调查问卷的数据搜集形式。按照问卷的问题设计形式，调查问卷可分为：结构式问卷和开放式问卷。结构式问卷是使用者提前设计好问题并附上选项（通常3~5个）的问卷，其中选项包含所有可能的答案，受访者依据自身意愿可以快速地选择对应的选项；开放式问卷的问题答案不固定，受访者需要结合个人情况进行阐述，并完成问卷内容。

按照问卷发放的形式，调查问卷可以分为：线上访问式问卷、实地访问式问卷。其中，通过互联网、电话等形式的线上访问问卷常结合结构式和开放式设计问卷问题。

一份完整的问卷通常包括 4 部分内容：标题、问卷说明、调查问题和结束语。

1）标题，即问卷使用者研究的主题，通常以"关于……的问卷调查"的形式，方便受访者了解问卷的主要内容。

2）问卷说明，该部分需要介绍问卷使用者的基本信息，让被访者清楚问卷最终的去向，通常形式为"××诚恳邀请您参与××的调查"，同时要交代对问卷内容包含个人隐私的部分作保密承诺，通常形式为"本次调查仅供公司内部使用/学术研究，绝不外泄！"，最后附上填表说明，如"根据您的情况在横线处打对勾/选对应选项"。

3）调查问题，即问卷的正文部分，在设计问题时需要秉持以下几点原则：

① 内容清晰原则：问卷的每道问题涉及的专业词汇不宜过多，必要时需对专业词汇备注对应的解释；不同问题之间不宜出现内容重复情况；一道问题不宜包含两种及两种以上的内容。

② 客观原则：提问的问题需保持客观，提问形式不应具有诱导性。

③ 简明原则：问卷内容要保持简短，正文格式必须规范，内容要简短且易懂。

④ 匹配原则：针对封闭式问题，答案的长度要有一定的限制，便于后期数据的整理与应用；此外，除被访者个人信息调查部分，问题内容要符合调查的主题。

4）结束语，对被访者付出时间填制问卷表示感谢。

3. 正态分布

正态分布又称为高斯分布，广泛应用于统计学，用以描述一件随机事物发生的概率分布，其数学表达式为：

$$f(x) = \frac{1}{\sigma\sqrt{2\pi}} e^{-\frac{(x-\mu)^2}{2\sigma^2}} \quad (-\infty < x < +\infty) \tag{3-1}$$

记为，$X \sim N(\mu, \sigma^2)$。式中，μ 是随机变量 X 的均值；σ^2 是 X 的方差。

例如，同一年龄段某地区男生或女生的身高分布，由于身高的影响因素较多，且各因素之间相互独立：父母的基因、饮食条件、锻炼习惯等，因此服从正态分布 $X \sim N(\mu, \sigma^2)$。在呼叫中心中，由于员工绩效受到内部和外部因素影响，员工绩效表现也往往服从正态分布，即表现特好的和表现特差的员工相对较少，大多数都在绩效指标数值的平均值附近。

任务拓展

1. 实训任务：根据呼叫中心统计的一整年的日通话量数据，绘制正态分布图。

2. 任务形式：以小组的形式（2 或 3 人），运用 Excel 完成任务，并进行组内互评。

3. 任务时限：30min。

4. 任务要求：

1）打开名为"正态分布图"的 Excel 文件。

2）按照文件内标注的 5 个步骤，逐一完成对应的内容，如图 3-10 所示。

3）绘制正态分布图时，正态分布值的数据需列为"次坐标轴"，且对应的图表类型为"折线图"。

第一步		第二步		第三步		第四步		第五步/制图区
日期	日通话量	数据统计表		横坐标	频率	接收	频率	正态分布值
	1 616	最小值						
	1 486	最大值						
	1 562	平均数						
	1 878	标准差						
	1 424	组数	20					
	1 585	组距						
	1 866	上下限与均值的距离系数	4					
	1 589	下限						
1月	1 628	上限						
	1 539							
	1 610							
	1 613							
	1 384							
	1 581							
	1 691							
	1 588							
	1 350							
	1 920							
	1 785							
	1 802							
	2 000							

图 3-10　任务拓展——正态分布

任务 2　呼叫中心数据分析

任务分析

保障服务质量，同时避免劳动力过剩及资源浪费，是从事服务行业管理者所面对的主要问题之一；呼叫中心的主营业务之一是接通电话并帮助客户解决问题，同样面临着服务质量与人员的有效控制。如果仅是追求高服务质量，忽视企业自身的经济实力，运营的成本就会超出企业承受范围；如果缩减资源及资金投入，就无法保障服务质量，造成客户对服务水平的不满。因此，呼叫中心管理需要一套科学、有效的工具和理论，结合呼叫中心制定的绩效指标及其他数据，分析客服团队的建设情况，及时发现团队内部的投入与产出环节发生的异常，不断优化管理体系建设。

本任务要求呼叫中心的管理人员掌握常用的数据分析工具，能够使用班组分群管理图和戴明控制图，能够掌握使用 Excel 中的数据分析工具库，熟练使用线性回归分析方法，并且具备从统计学的角度解释回归分析结果的技能，最终实现理论学习与实操相结合的学习效果。

任务实施

1. 线性回归分析

（1）定义

回归分析广泛应用于统计学领域，主要研究单个或多个影响因素与因变量的线性关系，由 $\hat{y}$ 预测值、a_n 变量系数、x_n 自变量、ε 残差（回归方程预测值与实际值的差值）构成，其公式如下：

$$\hat{y}=a_0+a_1x_1+a_2x_2+a_3x_3+\cdots+a_nx_n+\varepsilon \tag{3-2}$$

在呼叫中心话务预测（特别是中长期话务预测）中可以运用回归分析方法来分析影响话务量的主要因素、预测话务量的变动趋势，如果涉及的影响因素有两个或者两个以上，可以采用"多元线性回归模型"进行分析。由于影响话务量的因素会随外在环境因素的变化而变化，因此，针对话务量构建的回归分析模型需要进行适时优化。

通过构建线性回归模型分析，可以将影响话务量的相关因素用回归方程的形式表示出来，并通过普通最小二乘估计（Ordinary Least Square，OLS）估计各影响因素的系数值，并通过假设检验来检测各影响因素的系数值对话务量的影响是否显著。验证影响因素对话务量影响的显著性通常是通过查看回归模型来估计 t 值或 P 值，一般要求对应的 P＜0.05，从而确定显著影响话务量的因素。

（2）线性回归分析的一般流程（见图 3-11）

1）汇总数据：线性回归分析研究的是单个或多个变量对因变量的影响，因此要将每个变量按照时间序列进行数据统计汇总。

2）Excel 数据分析：在 Excel 中，选择"数据"一栏中的"数据分析"，查找并选择"回归"，在"Y 值输入区域"和"X 值输入区域"分别选择对应数据，生成回归结果。

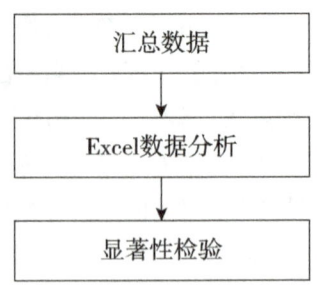

图 3-11 线性回归分析的一般流程

3）显著性检验：显著性检验在一定程度上可以检验回归结果系数的有效性，在设定置信度的情况下（可视分析情况设定为 90%、95%、99%，通常默认设定为 95%），通过分析线性回归系数 R、F 检验值可以从整体上分析回归模型的优劣，分析估计出的各因素系数值对应的 t 检验值，可以分析各因素对通话量的影响是否显著有效，从而判定回归结果的有效性是否成立。

（3）应用

下面模拟某产品电子商务客服的案例，仅考虑单一变量（举办促销活动次数）对话务量的影响，对回归分析在 Excel 中的应用基本操作进行演示说明，见表 3-1。首先，要统计近期季度的产品咨询通话量和相关促销活动举办次数（注：表中统计的样本量有限，仅作为回归分析方法的操作演示所需的数据；在回归分析的实际应用中通常需要大样本量，从而保障分析结果的有效性）。

表 3-1 咨询通话量与促销活动次数统计表

时间	关于产品咨询的通话量 / 次	公司促销活动次数 / 次
17 年第一季度	60 000	12
17 年第二季度	98 000	15
17 年第三季度	23 000	3
17 年第四季度	7 000	1
…	…	…
19 年第一季度	6 000	1
19 年第二季度	15 000	3
19 年第三季度	12 000	2
19 年第四季度	60 000	9

单击 Excel 中的"数据"→"数据分析"命令，如图 3-12 所示，在分析工具列表选择"回归"，如图 3-13 所示。接着在"Y 值输入区域"选中产品咨询的通话量的一列数据，在"X 值输入区域"选中促销活动次数的一列数据，如果选中的数据包括了标题栏，则在"标志"一项点对勾，如图 3-14 所示。最后，通过以上步骤得到回归分析结果。

图 3-12　运用 Excel 进行回归分析步骤一

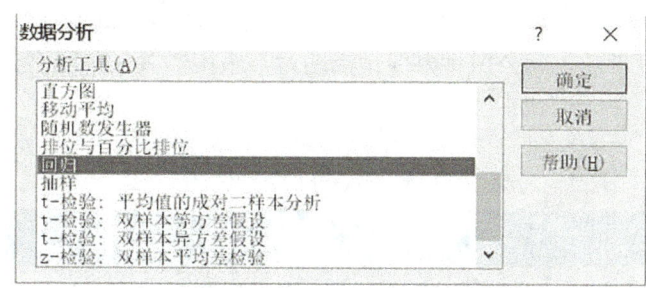

图 3-13　运用 Excel 进行回归分析步骤二

时间	关于产品咨询的通话量/次	公司促销活动次数/次
17年第一季度	60 000	12
17年第二季度	98 000	15
17年第三季度	23 000	3
17年第四季度	7 000	1
18年第一季度	12 000	2
18年第二季度	50 000	9
18年第三季度	30 000	5.3
18年第四季度	10 000	1.5
19年第一季度	6 000	1
19年第二季度	15 000	3
19年第三季度	12 000	2
19年第四季度	60 000	9

图 3-14　运用 Excel 进行回归分析步骤三

现在要对回归结果（见表 3-2）进行检验，判断线性回归模型拟合程度及显著性，只有回归统计结果通过显著性检验、满足可接受的拟合程度，才能确认预测模型是有效的。首先，要关注的是表中的线性回归系数 R，其数值大于 0.8 说明变量和因变量强正相关。判定系数大于 0.9 表示因变量（产品咨询的通话量）与自变量（公司促销活动次数）存在强正相关的可靠性很高，即公司促销活动次数增加，客服代表关于相关产品咨询的电话量也会随之增多。

表 3-2　回归分析统计

回归统计指标	数值
线性回归系数 R	0.983629617
判定系数（R Square）	0.967527223
校正决定系数（Adjusted R Square）	0.964279945
标准误差	5467.852907
观测值	12

表 3-3 方差分析统计中的"Significance F"即 F 检验对应的显著性水平 P 值越接近于 0，在 95% 的置信度下，表明公司举办促销活动对客服接通关于产品咨询的次数具有显著性影响。

表 3-3　回归分析方差统计

	df	SS	MS	F	Significance F
回归分析	1	8.91E+09	8.91E+09	297.9503	9.00862E−09
残差	10	2.99E+08	29897415		
总计	11	9.21E+09			

最后，观察表 3-4 中 t 检验的 P 值与 0.05 的大小（置信度为 95% 情况下），促销活动次数的系数所对应的 P 值小于 0.05，说明该变量的系数具有显著性，因此可以纳入到回归模型。最终，该呼叫中心的话务量预测线性回归模型公式：$Y = 188.903 + 5967.604 \times$ 促销活动次数（X）。其中，调节系数是根据呼叫中心制定的预期目标而人为设置的经验系数。

表 3-4　回归模型参数统计

	系数	标准误差	t 检验值	P 值	下限 95.0%	上限 95.0%
Intercept	188.903	2 422.816	0.077	0.939	−5 209.467	5 587.274
促销活动次数/次	5 967.604	345.7229	17.261	9.01E−09	5 197.285	6 737.922

2. 班组分群管理图

（1）定义

基于小组某项指标的平均值和离散系数的计算，分析各小组成员整体业务水平，并以平均值和离散系数建立直角坐标系，把小组划分为：标兵组、提升组、整改组、改良组。

在呼叫中心排班管理过程中，尤其是人员排班环节，管理者除了要考虑预期通话量，还要明确每个客服小组的话务处理能力。能力强的小组（标兵组）不但可以完成高强度的通话任务，还能在运营中心给其他小组起到模范作用，激励能力较弱的小组；对于能力较弱的小组，管理者要考虑为其分配的业务量，还要为其提供一定的帮助，如配备辅导员、增加培训时间等。

在呼叫中心运营管理过程中，合理的人员配置是每位管理者的目标之一。但在实际操作中，管理者可以识别不同业务能力的客服小组，保证运营中心可以合理地配备人员，就可以在一定程度上保证管理的有效性，这也是班组分群管理图在呼叫中心排班管理中所具备的重要意义。

（2）绘制班组分群管理图的一般流程（见图3-15）

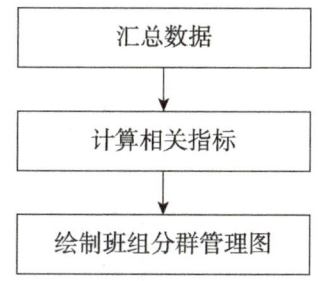

图3-15　绘制班组分群管理图的一般流程

1）汇总数据：在进行评定呼叫中心各小组业务水平时，通常会采用平均服务水平、平均通话时长等指标，因此需要对所选择的评价指标的数据进行汇总。

2）计算相关指标：主要包括原始数据的平均值、标准差、离散系数、趋势值的计算。

3）绘制班组分群管理图：选择计算出的"离散系数"和"平均值"两组对应数据，插入"XY（散点图）"；另外，添加（x_0, y_0）到散点图中，其中，x_0为各组对应指标的平均值；y_0为表明在控制状态的离散系数，其数值为0.01。接着，选中散点图中的（x_0, y_0），设置并调整误差线的格式，最终获得班组分群管理图。

（3）实际应用

下面结合对华唐呼叫中心的王锋、祖丙楠两个小组的整体业务能力评价工作，对班组分群管理图在实际应用进行详细说明。

首先，要计算数据标准差、离散系数、趋势值。表 3-5 是王锋、祖丙楠各小组的平均通话时长，运用 Excel 函数公式 Average 计算两组各自的平均值（见图 3-16），运用 Stdev 函数计算标准差（见图 3-17），再用标准差除以对应平均值得到离散系数（见图 3-18）。在计算趋势值时，需要先在空白处补充 x 值，再运用 Slope 函数求解，如图 3-19 所示。

以上几项数据的数值统计见表 3-6。

表 3–5　小组平均通话时长统计

日期	王锋组	祖丙楠组
2020/2/6	0：07：03	0：03：00
2020/2/7	0：07：07	0：03：02
2020/2/8	0：07：04	0：03：05
2020/2/9	0：07：24	0：03：12
2020/2/10	0：07：45	0：03：18
2020/2/11	0：07：41	0：03：25
2020/2/12	0：06：08	0：03：20
2020/2/13	0：08：34	0：03：18
2020/2/14	0：07：51	0：03：25
2020/2/15	0：08：03	0：03：30
2020/2/16	0：08：34	0：03：18
2020/2/17	0：07：51	0：03：25
2020/2/18	0：08：03	0：03：30
2020/2/19	0：08：34	0：03：18
2020/2/20	0：07：45	0：03：25
2020/2/21	0：08：00	0：03：30
2020/2/22	0：08：30	0：03：18

	A	B	C	D	E	F	G	H	I
1	近期各组的平均通话时长统计表								
2	日期	王锋组	祖丙楠组		组长＼指标	平均值	标准差	趋势值	离散系数
3	2020/2/6	0:07:30	0:03:00		王锋	=AVERAGE(B3:B19)			
4	2020/2/7	0:07:07	0:03:02		祖丙楠				
5	2020/2/8	0:07:04	0:03:05						
6	2020/2/9	0:07:24	0:03:12						
7	2020/2/10	0:07:45	0:03:18						
8	2020/2/11	0:07:41	0:03:25						
9	2020/2/12	0:06:08	0:03:20						
10	2020/2/13	0:08:34	0:03:18						
11	2020/2/14	0:07:51	0:03:25						
12	2020/2/15	0:08:03	0:03:30						
13	2020/2/16	0:08:34	0:03:18						
14	2020/2/17	0:07:51	0:03:25						
15	2020/2/18	0:08:03	0:03:30						
16	2020/2/19	0:08:34	0:03:18						
17	2020/2/20	0:07:45	0:03:25						
18	2020/2/21	0:08:00	0:03:30						
19	2020/2/22	0:08:30	0:03:18						

图 3-16 计算平均值

	A	B	C	D	E	F	G	H	I
1	近期各组的平均通话时长统计表								
2	日期	王锋组	祖丙楠组		组长＼指标	平均值	标准差	趋势值	离散系数
3	2020/2/6	0:07:30	0:03:00		王锋		=STDEV(B3:B19)		
4	2020/2/7	0:07:07	0:03:02		祖丙楠				
5	2020/2/8	0:07:04	0:03:05						
6	2020/2/9	0:07:24	0:03:12						
7	2020/2/10	0:07:45	0:03:18						
8	2020/2/11	0:07:41	0:03:25						
9	2020/2/12	0:06:08	0:03:20						
10	2020/2/13	0:08:34	0:03:18						
11	2020/2/14	0:07:51	0:03:25						
12	2020/2/15	0:08:03	0:03:30						
13	2020/2/16	0:08:34	0:03:18						
14	2020/2/17	0:07:51	0:03:25						
15	2020/2/18	0:08:03	0:03:30						
16	2020/2/19	0:08:34	0:03:18						
17	2020/2/20	0:07:45	0:03:25						
18	2020/2/21	0:08:00	0:03:30						
19	2020/2/22	0:08:30	0:03:18						

图 3-17 计算标准差

IF =H3/G3

近期各组的平均通话时长统计表

日期	王锋组	祖丙楠组	x值
2020/2/6	0:07:30	0:03:00	1
2020/2/7	0:07:07	0:03:02	2
2020/2/8	0:07:04	0:03:05	3
2020/2/9	0:07:24	0:03:12	4
2020/2/10	0:07:45	0:03:18	5
2020/2/11	0:07:41	0:03:25	6
2020/2/12	0:06:08	0:03:20	7
2020/2/13	0:08:34	0:03:18	8
2020/2/14	0:07:51	0:03:25	9
2020/2/15	0:08:03	0:03:30	10
2020/2/16	0:08:34	0:03:18	11
2020/2/17	0:07:51	0:03:25	12
2020/2/18	0:08:03	0:03:30	13
2020/2/19	0:08:34	0:03:18	14
2020/2/20	0:07:45	0:03:25	15
2020/2/21	0:08:00	0:03:30	16
2020/2/22	0:08:30	0:03:18	17

组长 \ 指标	平均值	标准差	趋势值	离散系数
王锋	0:07:47	0.0004	0.0001	=H3/G3
祖丙楠				

图 3–18　计算离散系数

IF =slope(B3:B19, D3:D19)

近期各组的平均通话时长统计表

日期	王锋组	祖丙楠组	x值
2020/2/6	0:07:30	0:03:00	1
2020/2/7	0:07:07	0:03:02	2
2020/2/8	0:07:04	0:03:05	3
2020/2/9	0:07:24	0:03:12	4
2020/2/10	0:07:45	0:03:18	5
2020/2/11	0:07:41	0:03:25	6
2020/2/12	0:06:08	0:03:20	7
2020/2/13	0:08:34	0:03:18	8
2020/2/14	0:07:51	0:03:25	9
2020/2/15	0:08:03	0:03:30	10
2020/2/16	0:08:34	0:03:18	11
2020/2/17	0:07:51	0:03:25	12
2020/2/18	0:08:03	0:03:30	13
2020/2/19	0:08:34	0:03:18	14
2020/2/20	0:07:45	0:03:25	15
2020/2/21	0:08:00	0:03:30	16
2020/2/22	0:08:30	0:03:18	17

组长 \ 指标	平均值	标准差	趋势值	离散系数
王锋	0:07:47	=slope(B3:B19, D3:D19)		
祖丙楠				

图 3–19　计算趋势值示意图

表 3–6　班组分群管理图——数值统计表

小组	指标			
	平均值	标准差	趋势值	离散系统
王锋	0：07：47	0.0004	1.4022	0.0818
祖丙楠	0：03：19	0.0001	0.0000	0.0472

下面要利用计算结果绘制班组分群管理散点图,在 Excel 中选择"插入"→"XY(散点图)"→"选择数据"命令,X 轴输入平均通话时长、Y 轴输入小组的离散系数,如图 3-20 所示。同时,计算两组平均通话时长的平均值作为横坐标 x_0,纵坐标 y_0 设为 0.1000(经验值,平均通话时长的离散系数小于 0.1 为在控制状态),将平均值 (x_0, y_0) 添加到数据系列,如图 3-21 所示)。接着,单击坐标系中的平均值 (x_0, y_0),选择"布局"→"误差线"命令,选中"标准差误差线"和"百分比误差线"并右击选择"设置误差线格式"命令,将误差量的"百分比"选项设置为 100%,如图 3-22 和图 3-23 所示,最终得到班组分群管理图,如图 3-24 所示。

近期各组的平均通话时长统计表				
日期	王锋组	离散系数	祖丙楠组	离散系数
2020/2/6	0:07:30	0.0818	0:03:00	0.04718
2020/2/7	0:07:07	0.0818	0:03:02	0.04718
2020/2/8	0:07:04	0.0818	0:03:05	0.04718
2020/2/9	0:07:24	0.0818	0:03:12	0.04718
2020/2/10	0:07:45	0.0818	0:03:18	0.04718
2020/2/11	0:07:41	0.0818	0:03:25	0.04718
2020/2/12	0:06:08	0.0818	0:03:20	0.04718
2020/2/13	0:08:34	0.0818	0:03:18	0.04718
2020/2/14	0:07:51	0.0818	0:03:25	0.04718
2020/2/15	0:08:03	0.0818	0:03:30	0.04718
2020/2/16	0:08:34	0.0818	0:03:18	0.04718
2020/2/17	0:07:51	0.0818	0:03:25	0.04718
2020/2/18	0:08:03	0.0818	0:03:30	0.04718
2020/2/19	0:08:34	0.0818	0:03:18	0.04718
2020/2/20	0:07:45	0.0818	0:03:25	0.04718
2020/2/21	0:08:00	0.0818	0:03:30	0.04718
2020/2/22	0:08:30	0.0818	0:03:18	0.04718

图 3-20 添加离散系数

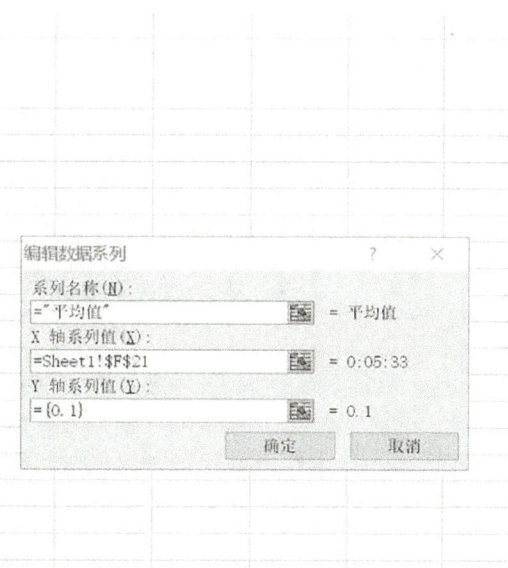

近期各组的平均通话时长统计表				
日期	王锋组	离散系数	祖丙楠组	离散系数
2020/2/6	0:07:30	0.0818	0:03:00	0.04718
2020/2/7	0:07:07	0.0818	0:03:02	0.04718
2020/2/8	0:07:04	0.0818	0:03:05	0.04718
2020/2/9	0:07:24	0.0818	0:03:12	0.04718
2020/2/10	0:07:45	0.0818	0:03:18	0.04718
2020/2/11	0:07:41	0.0818	0:03:25	0.04718
2020/2/12	0:06:08	0.0818	0:03:20	0.04718
2020/2/13	0:08:34	0.0818	0:03:18	0.04718
2020/2/14	0:07:51	0.0818	0:03:25	0.04718
2020/2/15	0:08:03	0.0818	0:03:30	0.04718
2020/2/16	0:08:34	0.0818	0:03:18	0.04718
2020/2/17	0:07:51	0.0818	0:03:25	0.04718
2020/2/18	0:08:03	0.0818	0:03:30	0.04718
2020/2/19	0:08:34	0.0818	0:03:18	0.04718
2020/2/20	0:07:45	0.0818	0:03:25	0.04718
2020/2/21	0:08:00	0.0818	0:03:30	0.04718
2020/2/22	0:08:30	0.0818	0:03:18	0.04718

图 3-21 添加平均值

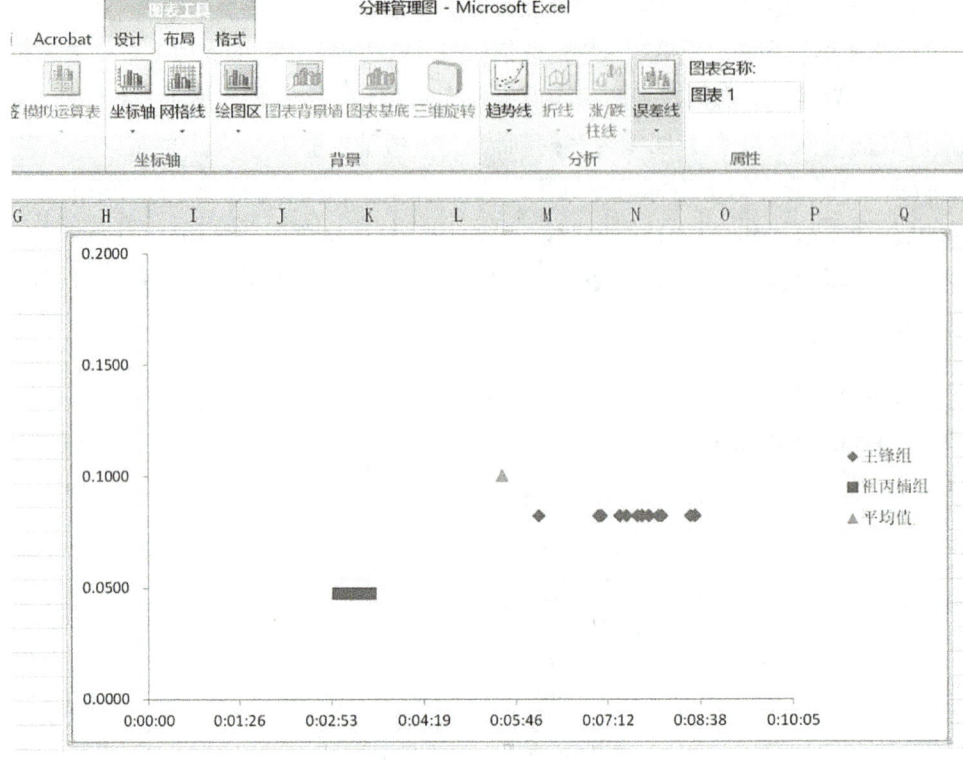

图 3-22　误差线

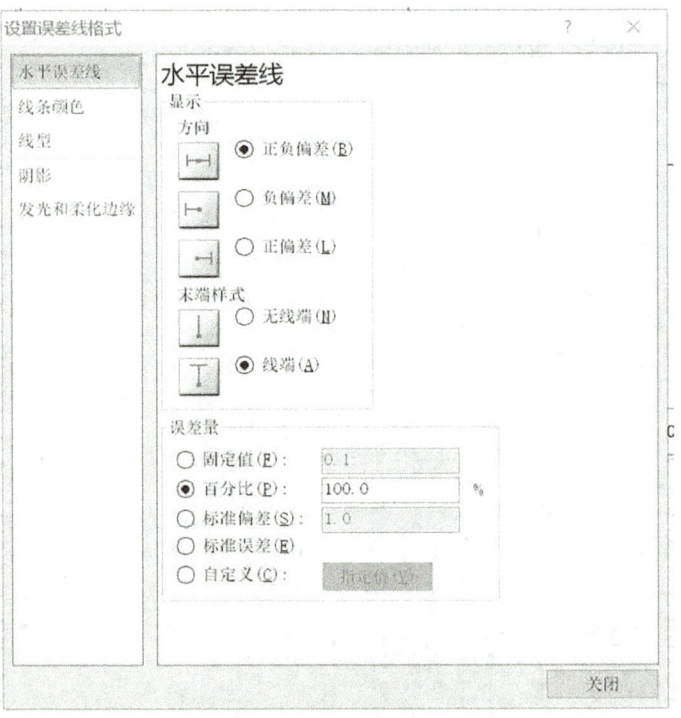

图 3-23　误差线设置

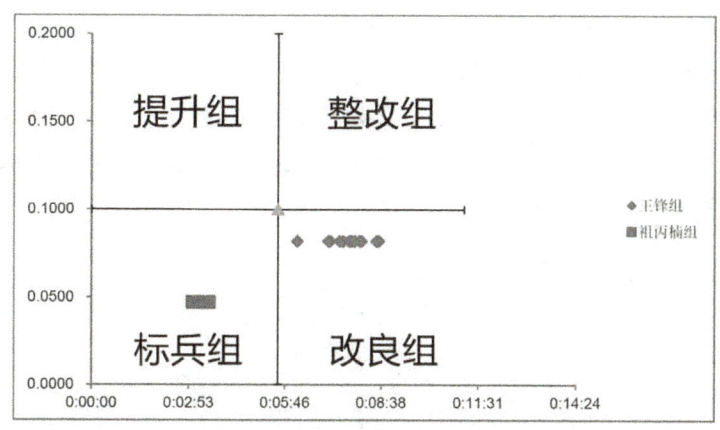

图 3-24　班组分群管理图

分群管理图按照平均通话时长的平均值和离散系数的数值组合，可分为 4 个象限：标兵组（平均值小，离散系数小）、提升组（平均值小，离散系数大）、改良组（平均值大、离散系数小）、整改组（平均值大、离散系数大）。

祖丙楠组所在象限叫标兵组，平均通话时间较短并且表现稳定，其趋势值接近于 0，未来表现稳定。班组长可以在优化培训结构，加强组员学习工作的同时，多提供组员与外部的标兵群的交流，营造积极向上的团队环境。

王锋组是改良组，特征是平均值大、离散系数小。这类组员的表现较差，并且在短期内无法取得明显的改善，或者说该组成员稳定的表现差，其趋势值为正，表明未来有平均通话时长增长的趋势，因此需要小组长尽早调整团队状态。小组长要提高组员培训时间占比，努力提升组员的业务水平，增加质检频率，并及时提供指导意见。不同于整改组，由于改良组的离散系数较小，表现稳定，一旦得到业务水平的提升，将会保持新的业务水平，具有提升为标兵组的潜力，因此小组长要保持足够的耐心引导改良组的组员。

综上，在进行人员排班过程中，就可以将标兵组（祖丙楠组）成员安排到业务构成较复杂、容量较大的项目，将改良组（王锋组）安排到业务种类较单一、难度较小的项目，并持续关注小组成员的表现，发现业务能力提升就要及时调整排班。

3. 戴明控制图

（1）含义

基于某项 KPI 的时间序列、平均值、标准差、"6、8、1、3、5" 法则，判断企业经营出现异常的时间。其中的平均值、标准差可以计算出控制图的上限和下限值：上限 = 平均值 + 3× 标准差，下限 = 平均值 -3× 标准差。"6、8、1、3、5" 法则内容："6" 指控制图中某时间段存在 6 个连续升高或降低的点、"8" 指存在着连续的 8 个点都在均值的上方或下方、"1" 指存在 1 个点在上限或下限之外、"3" 指 3 个连续的点中任意两点在 "均值 +2× 标准差" 之外、"5" 指 5 个连续的点中任意 4 个点在 "均值 +1× 标准差" 之外。

呼叫中心属于人力密集型行业，运营期间人员的流动是常态，但如果在平时的管理过程中缺乏对有关员工的离职动向的信息掌握，就可能会因运营中心的人力流失而造成在短期内无法恢复正常的运营。戴明控制图是一种让管理层可以在一定程度上发现一段时期内运营中心是否出现异常，从而查找其背后的原因，及时发觉员工的心理、组织的状态的起伏，进而有针对性地调整管理方式。

（2）绘制戴明控制图的一般流程（见图3-25）

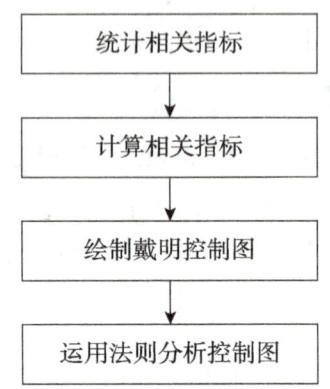

图3-25　绘制戴明控制图的一般流程

1）统计相关指标：在呼叫中心中，汇总某一段时期的坐席代表的服务水平、通话时长等指标，作为绘制戴明控制图的基础数据。

2）计算相关指标：计算设定绩效指标（如服务水平）的平均值、标准差、上限值和下限值。其中，上限值和下限值的计算公式通常为：平均值 ±3× 标准差。

3）绘制戴明控制图：选择计算后的指标，插入折线图，将设定的绩效指标（如服务水平）的图表类型更改为"带数据标记的折线图"。

4）运用法则分析控制图：运用"6、8、1、3、5"法则对控制图进行分析，判断异常点。

（3）实际应用

表3-7是华唐呼叫中心2018～2020年服务水平月合并报表，其中包含用于制作戴明控制图的相关指标值。首先制作戴明控制图，选择数据统计表中的所有数据并插入"折线图"，单击折线图并右击选择"选择数据"命令，删除图例项的"标准差"，如图3-26所示，单击折线图中的服务水平线，右击选择"更改图表类型"，单击"带数据标记的折线图"，如图3-27所示，最终获得图3-28的戴明控制图。

表 3-7　2018~2020 年服务水平月合并报表

日期	服务水平	平均值	标准差	上限值	下限值
1 月	94.62%	87.28%	6.93%	108.08%	66.47%
2 月	94.81%	87.28%	6.93%	108.08%	66.47%
3 月	78.52%	87.28%	6.93%	108.08%	66.47%
4 月	80.09%	87.28%	6.93%	108.08%	66.47%
5 月	86.46%	87.28%	6.93%	108.08%	66.47%
6 月	90.23%	87.28%	6.93%	108.08%	66.47%
7 月	90.46%	87.28%	6.93%	108.08%	66.47%
8 月	93.55%	87.28%	6.93%	108.08%	66.47%
9 月	92.08%	87.28%	6.93%	108.08%	66.47%
10 月	87.01%	87.28%	6.93%	108.08%	66.47%
11 月	80.02%	87.28%	6.93%	108.08%	66.47%
12 月	87.59%	87.28%	6.93%	108.08%	66.47%
1 月	77.34%	87.28%	6.93%	108.08%	66.47%
2 月	80.69%	87.28%	6.93%	108.08%	66.47%
3 月	94.25%	87.28%	6.93%	108.08%	66.47%
4 月	100.00%	87.28%	6.93%	108.08%	66.47%
5 月	76.23%	87.28%	6.93%	108.08%	66.47%
6 月	84.96%	87.28%	6.93%	108.08%	66.47%
7 月	86.91%	87.28%	6.93%	108.08%	66.47%
8 月	83.52%	87.28%	6.93%	108.08%	66.47%
9 月	88.21%	87.28%	6.93%	108.08%	66.47%
10 月	92.00%	87.28%	6.93%	108.08%	66.47%
11 月	98.02%	87.28%	6.93%	108.08%	66.47%
12 月	69.65%	87.28%	6.93%	108.08%	66.47%
1 月	83.59%	87.28%	6.93%	108.08%	66.47%
2 月	83.74%	87.28%	6.93%	108.08%	66.47%
3 月	93.92%	87.28%	6.93%	108.08%	66.47%
4 月	85.56%	87.28%	6.93%	108.08%	66.47%
5 月	93.51%	87.28%	6.93%	108.08%	66.47%
6 月	90.92%	87.28%	6.93%	108.08%	66.47%
7 月	87.09%	87.28%	6.93%	108.08%	66.47%

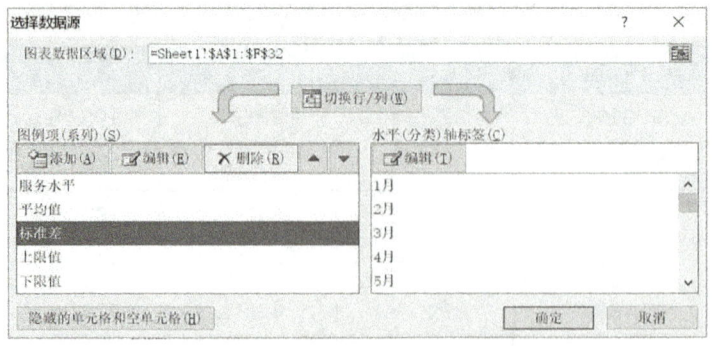

图 3-26 选择数据示意图

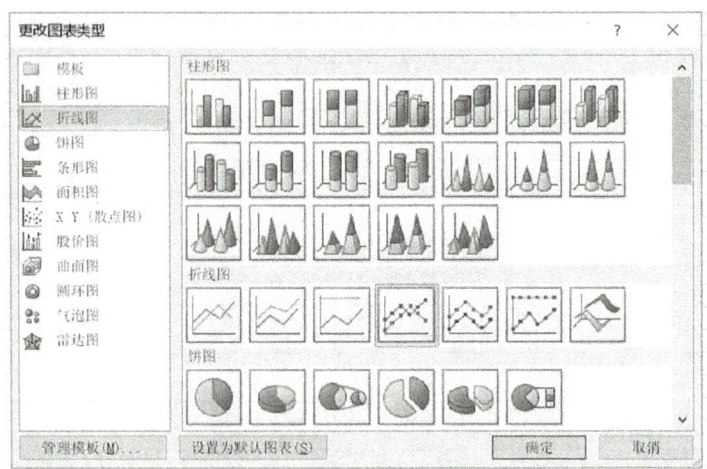

图 3-27 更改图表类型示意图

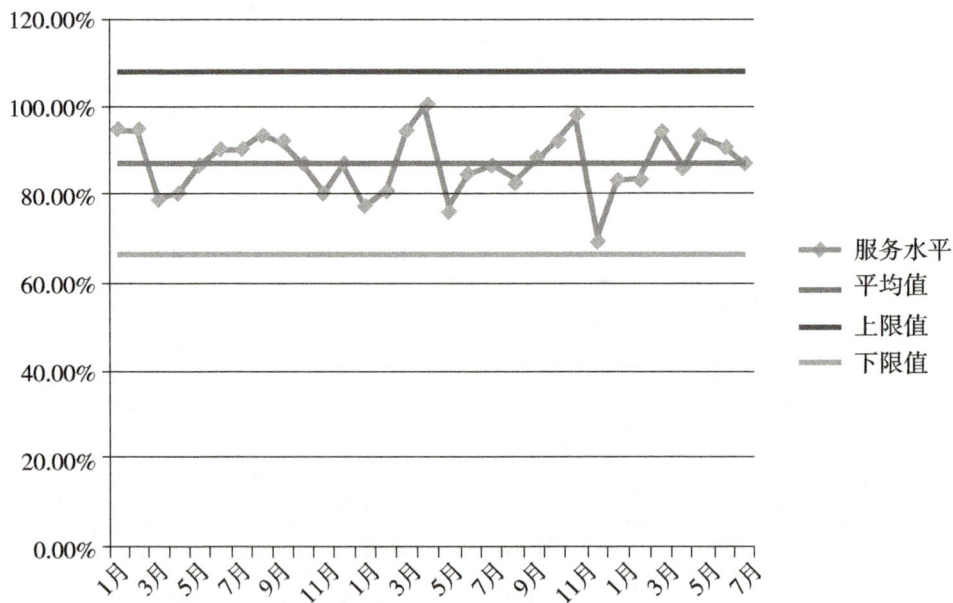

图 3-28 戴明控制图

接着，运用"6、8、1、3、5"法则判断，2018年3月至8月存在连续6个点上升，满足"6"的条件，从而判定该呼叫中心在2018年3月发生了特殊情况导致服务水平变化异常，需要管理团队进一步查明原因。因此，在进行排班管理时，如果要考虑要应用2018年3月的数据，就要考虑导致该月服务水平发生异常的因素（如员工的心态起伏、组织管理中的异常、客户的需求变化等），对该月的相关数据进行修正，再进行话务量预测。

必备知识

1. 线性相关

在统计学中，线性相关是指满足图3-29矩阵形式的关系：

$$\begin{bmatrix} X_1 \\ X_2 \\ X_3 \\ \cdots \\ X_n \end{bmatrix} (a_1, a_2, a_3, \cdots, a_n) = \begin{bmatrix} Y_1 \\ Y_2 \\ Y_3 \\ \cdots \\ Y_n \end{bmatrix}$$

图3-29　线性相关矩阵形式示意图

方程组表达式为：

$$a_1x_1 + a_2x_2 + a_3x_3 + \cdots + a_nx_n = y \tag{3-3}$$

式中，x_n是自变量；a_n是对应的系数；y是因变量。

在呼叫中心话务预测中，运用线性回归分析进行话务量影响因素分析，将内部或外部影响因素（如假期、促销活动、员工满意度等）纳入预测模型，对于预期话务量的预测准确性具有重要作用。

2. 显著性检验

在运用线性回归分析建立呼叫中心的话务量与影响因素的回归模型过程中，只有在既定的置信度下（如95%），通过显著性检验（如t检验、F检验、回归系数R等）的变量才能保留于优化后的回归模型中，该模型可利用已测变量对话务量进行有效预测。

（1）置信度

在统计学中，为保证预测的结果有一定概率落在测量结果的周围（置信区间），在构建回归模型时，一般会事先采用设定好的置信度来表示这个概率。常采用的置信度为90%、95%、99%，选取的置信度值越高，对模型检验的要求就越严苛，模型的预测结果越贴近现实情况。

（2）回归系数R

表示变量与因变量之间的线性相关程度，取值范围是[-1，1]。相关系数为负数表示自变量与因变量呈负相关，反之则呈正相关，通常数值大于 0.8 表示显著性相关。

（3）拟合优度

又叫判定系数 R^2，广泛应用于检验回归模型的拟合程度，即通过构建的单变量线性回归模型而计算出的预测值与实际值的差距。其数值范围在 0~1 之间，数值越大表示拟合程度越好，预测值越接近真实值，通常数值大于 0.6（60%）就表示回归模型的预测精准度是可以接受的。另外，当自变量增多，变为多变量线性回归模型，就需要观察修正的判定系数 Adjusted R^2，其判定方式和判定系数 R^2 相同。

（4）F 检验

在 Excel 表中显示为"Significance F"，用来检验回归方程整体是否存在显著性线性相关的参数，即方程显著性检验。通常情况下，确定置信度为 95% 时，F 检验对应的 P 值小于 0.05 则表示回归模型通过 F 检验。

（5）t 检验

又叫系数显著性检验，常与 F 检验共同检验，不同的是 t 检验是针对各个自变量与因变量的线性关系显著性，只有某变量的 t 检验所对应的 P 值小于 0.05（置信度为 95%），该变量的参数才可以保留。

3.（样本）标准差

管理学中常用某项指标的标准差来评价一个组织在一定期间表现的起伏程度（稳定性），即一个组织在一定期间计算关于某方面指标的标准差的数值越大，表明组织在此方面的表现不稳定。样本标准差的数学表达式为：

$$\delta(r) = \sqrt{\frac{(x_1-\bar{x}) + (x_2-\bar{x}) + (x_3-\bar{x}) + \cdots + (x_n-\bar{x})}{n-1}} \tag{3-4}$$

式中，x_i（$i=1,2,3,\cdots,n$）是样本值；$\bar{x}$ 是样本平均数；n 是样本容量（$n-1$ 称为自由度）。

标准差是呼叫中心管理者对员工绩效进行考核的过程中所依据的重要指标之一。通常情况下，呼叫中心管理者可以通过 KPI 评估客服人员的工作状态，对于 KPI 达标（如接通电话量不少于目标值）的员工支付绩效奖金，对工作消极的员工（如接通电话量少于目标值）采取不发绩效奖金或罚款等方式。

然而，在评估员工的整体工作状态时，还需考虑员工的稳定性。例如，有位员工在某个绩效考核时期的前期工作积极，接通电话强度较大，而到后期该员工的工作消极懈怠，接通电话数骤减；虽然该员工的全期接通电话数达到目标值，但是由于后期的电话接通率低，多数客户的电话无法得到及时接听，导致运营中心的服务质量出现较严重的起伏。

计算绩效指标的标准差，就可以在一定程度上改善绩效考核质量，让管理者可以更好地掌握员工整体时期的工作状态变化。

4. 离散系数

用来比较不同组织关于某项指标的横向比较，常用于两组比较数据的平均值差异较大的情况。其数值等于某项指标的标准差除以对应的平均值，数值越大，表明稳定性越差。

呼叫运营中心管理者在评定一个小组的整体能力过程中，业务绩效（接通量、客户满意度、平均通话处理时长等）是评价的指标之一，而小组表现的稳定性也是关键的评价因素。离散系数可以较好地表示个体或组织的稳定度，表现得越稳定，其对应指标的离散系数就越小，反之亦然。通常来讲，在呼叫中心判定某个体或组织的表现稳定度时，其离散系数小于0.1，即视为在控制状态。不过，一些指标如客户满意度等，其在控制状态所对应的离散系数要小于0.08。

5. 趋势值

基于历史数据中自变量（通常情况下是编号 $1, 2, 3, \cdots, n$）和因变量（预测的指标）构建的线性回归方程，计算其斜率正负来判断未来该指标是增长还是减少（数值为0，表明变化幅度不明显）。

趋势值有助于呼叫中心运营管理者对未来某一段时期的相关数据的预测，如在进行月话务量预测时，可以运用过去约10周的通话历史数据确定趋势值，趋势值为正，代表未来通话量将有增加的趋势，反之亦然。另外，趋势值也可以帮助管理者更好地掌握各个客服小组的工作情况，如果一个小组的某项指标（如客户满意度）的趋势值呈现负值，那么说明该小组的服务质量呈现降低趋势，管理层要着重对该组成员进行考核，改善工作表现退步的情况。

任务拓展

1. 实训任务：根据呼叫中心统计出的12月坐席代表每日的接通率，绘制控制图，并运用"6、8、1、3、5"法则判断当月运营中心是否出现异常情况。

2. 任务形式：以小组的形式（2或3人），运用Excel完成任务，并进行组内互评。

3. 任务时限：30min。

4. 任务要求：

1）打开名为"控制图"的Excel文件。

2）先计算并填写文件中数据分析区的表格内容，再利用计算结果绘制"戴明控制图"，如图3-30所示。

图 3-30　制作戴明控制图

3）控制图需要有平均值、上下限、接通率，并用红点标注出现经营异常的值。

任务 3　呼叫中心话务量预测

任务分析

对话务量的精准预测，是保障呼叫中心高效管理的主要内容之一。话务量预测是人员排班的前提，只有合理地预计未来通话量，才能进行坐席代表的班次、班组的有效安排，从而保障呼叫中心制定的绩效目标的实现。

要进行话务量预测，应根据预测话务量的周期来选择定量的预测方法；呼叫中心排班管理中常用指数平滑法、平均值预测法来进行话务量预测工作。本次任务先是分别阐述两种预测方法的含义，在指数平滑法的阐述中，还介绍了呼叫中心进行话务量预测时常用的二次指数平滑，最后着重对两种预测方法在 Excel 中的实际应用进行说明。

任务实施

1. 指数平滑预测

（1）一次指数平滑

下期某项指标的一次指数平滑值可以用本期该指标实际值和本期的一次指数平滑值按一定权重配比来计算，其数学表达式为：

$$\widehat{y_{t+1}^{(1)}} = \alpha y_t + (1-\alpha) \widehat{y_t^{(1)}} \tag{3-5}$$

式中，$\widehat{y_{t+1}^{(1)}}$ 是下一期的一次指数平滑值；$\widehat{y_t^{(1)}}$ 是本期的一次指数平滑值；y_t 是本期实际值；α 是加权系数（又叫平滑系数，数值范围：$0 < \alpha < 1$）。其中，α 的具体数值由预测值与实际值的误差而定，在实际应用中，如果数据的变化幅度较小，则 $0.1 < \alpha < 0.3$；如果变动幅度较大，则 $0.6 < \alpha < 0.9$。

值得注意的是，现实中呼叫中心的历史通话量的变动幅度较明显，如果运用上述的一次指数平滑的预测话务量，就会存在偏差，因此需要引入二次指数平滑的概念。

（2）二次指数平滑

1）定义。下一期的二次指数平滑值由下一期的一次指数平滑值与本期的二次指数平滑值决定，其数学表达式为：

$$\widehat{y_{t+1}^{(2)}} = \alpha \widehat{y_t^{(1)}} + (1-\alpha) \widehat{y_t^{(2)}} \tag{3-6}$$

式中，$\widehat{y_{t+1}^{(2)}}$ 是下一期的二次指数平滑值；$\widehat{y_t^{(2)}}$ 是本期的二次指数平滑值；$\widehat{y_t^{(1)}}$ 是本期的一次指数平滑值；α 是加权系数（其取值范围为：$0 < \alpha < 1$）。

此外，在运用指数平滑进行话务量预测时，这里会假设话务量的变动趋势为一条直线，其数学表达式所示：

$$\hat{y}_{t+T} = b_t + k_t T \tag{3-7}$$

$\hat{y}_{t+T}$ 表示指数平滑值，b_t 为预测直线的截距，k_t 为直线斜率。其中，b_t、k_t 的计算公式：

$$b_t = 2\widehat{y_t^{(1)}} - \widehat{y_t^{(2)}} \; ; \; k_t = \frac{\alpha}{1-\alpha}(\widehat{y_t^{(1)}} - \widehat{y_t^{(2)}}) \tag{3-8}$$

2）运用指数平滑的一般流程如图 3-31 所示。

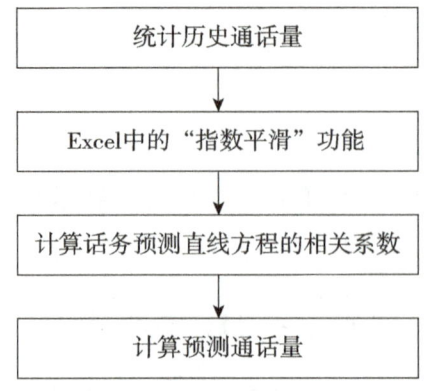

图 3-31　运用指数平滑的一般流程

① 统计历史通话量：对呼叫中心历史通话量进行统计汇总。

② Excel 中的"指数平滑"功能：单击"数据"菜单栏中的"数据分析"，选择"指数平滑"命令，分别填入输入区域、阻尼系数（与加权系数的总和为 1）、输出区域。如要进行二次指数平滑，需要重复上述操作，并将输入区域改为一次指数平滑的输出值。

③ 计算话务预测直线方程的相关系数：将通过"指数平滑"生成的结果代入相关系数计算方程，得到 k_t、b_t。

④ 计算预测的通话量：如对下一期的话务量进行预测，将 $T=1$ 代入话务预测直线方程，即可计算出相关话务量预测值。

3）实际应用

华唐呼叫中心近十年的通话总量统计见表 3-8，现要预测 2020 年的通话总量。首先，对过去十年通话历史数据进行一次指数平滑计算，单击 Excel 程序的"数据"选项，选择"数据分析"，单击"指数平滑"并确定，如图 3-32 所示。

表 3-8　华唐呼叫中心通话总量统计

年份	2010	2011	2012	2013	2014	2015	2016	2017	2018	2019
通话量（万）	3 000	3 200	3 500	3 800	4 000	4 100	4 300	4 500	4 800	5 000

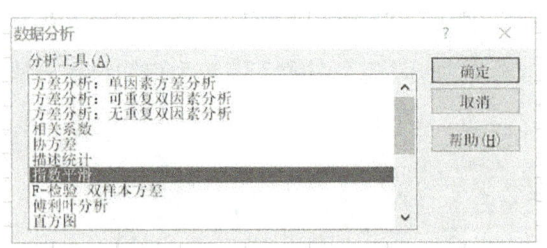

图 3-32　Excel 中的应用

设定"输入区域""输出区域""阻尼系数""图表输出"(如果"输入区域"包含标题,就勾上"标志"选项),如图 3-33 所示。将"阻尼系数"($1-\alpha$)暂时设置为 0.7,后面通过改变"阻尼系数"的值而获得对应的标准误差,选择误差较小时的"阻尼系数"值为最终值;相比图 3-34 将阻尼系数设置为 0.9,图 3-35 将阻尼系数设置为 0.7 时显示的误差值较小,因此最终将"阻尼系数"定为 0.7。

年份	话务量(万)	一次指数平滑值	标准误差
2010	3 000	#N/A	#N/A
2011	3 200	3 000	#N/A
2012	3 500	3 020	#N/A
2013	3 800	3 068	#N/A
2014	4 000	3 141.2	518.4026749
2015	4 100	3 227.08	707.992806
2016	4 300	3 314.372	823.6809185
2017	4 500	3 412.9348	907.5588724
2018	4 800	3 521.64132	985.7590358
2019	5 000	3 649.477188	1 123.591595

图 3-33 设置选项

图 3-34 阻尼系数为 0.9

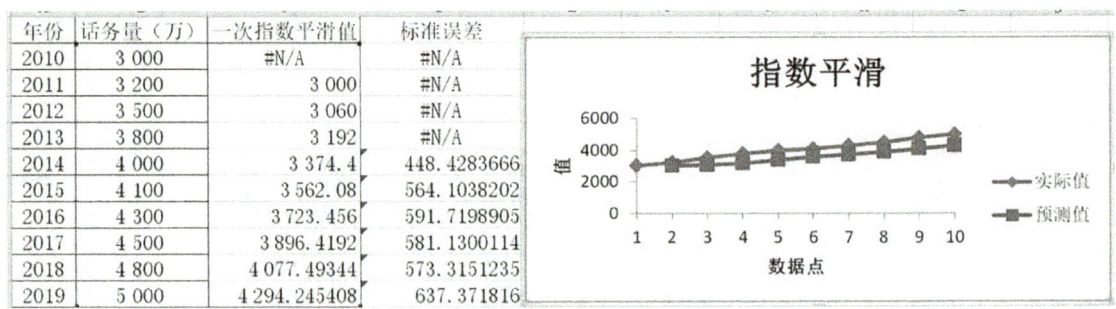

图 3-35 阻尼系数为 0.7

最后，观察到图 3-36 中话务量以直线趋势显著增长，因此仅用一次指数平滑法进行话务量预测是不精准的。

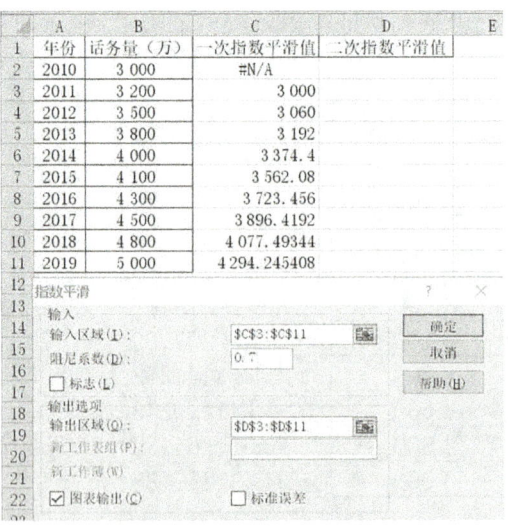

图 3-36 指数平滑折线图

现在对数据进行二次指数平滑，如图 3-37 所示，设置指数平滑选项注意"输入区域"要剔除"#N/A"，最终得到图 3-38 的二次指数平滑结果。

图 3-37 选项设置

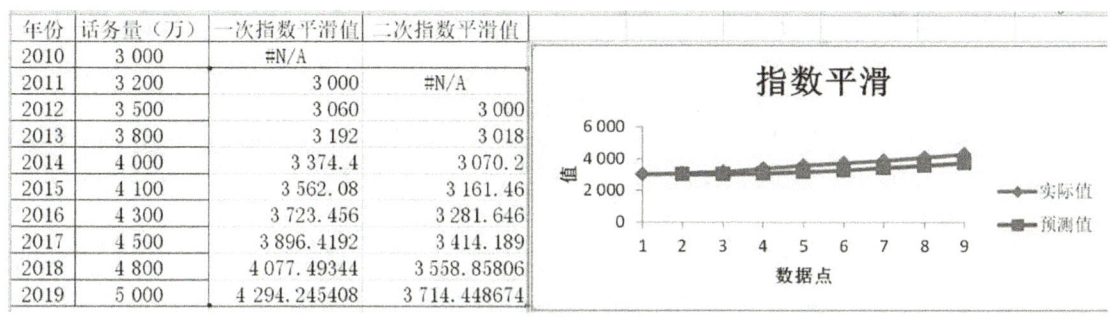

图 3-38 二次指数平滑

将 2019 年的一次指数平滑值 $\widehat{y}_{10}^{(1)}$、二次指数平滑值 $\widehat{y}_{10}^{(2)}$ 代入话务量预测直线方程，计算斜率 k_t（见图 3-39）、截距 b_t（见图 3-40），最终得到直线方程：$\hat{y}_{t+T}=4\,874.04+248.48T$，即计算 2020 年的预测话务量将 T 等于 1，结果约为 5 122 万次。

	A	B	C	D
1	年份	话务量（万）	一次指数平滑值	二次指数平滑值
2	2010	3 000	#N/A	
3	2011	3 200	3 000	#N/A
4	2012	3 500	3 060	3 000
5	2013	3 800	3 192	3 018
6	2014	4 000	3 374.4	3 070.2
7	2015	4 100	3 562.08	3 161.46
8	2016	4 300	3 723.456	3 281.646
9	2017	4 500	3 896.4192	3 414.189
10	2018	4 800	4 077.49344	3 558.85806
11	2019	5 000	4 294.245408	3 714.448674
12				
13	k_t	=(0.3/(1-0.3))*(C11-D11)		
14	b_t			

图 3-39 斜率计算

	A	B	C	D
1	年份	话务量（万）	一次指数平滑值	二次指数平滑值
2	2010	3 000	#N/A	
3	2011	3 200	3 000	#N/A
4	2012	3 500	3 060	3 000
5	2013	3 800	3 192	3 018
6	2014	4 000	3 374.4	3 070.2
7	2015	4 100	3 562.08	3 161.46
8	2016	4 300	3 723.456	3 281.646
9	2017	4 500	3 896.4192	3 414.189
10	2018	4 800	4 077.49344	3 558.85806
11	2019	5 000	4 294.245408	3 714.448674
12				
13	k_t	248.4843146		
14	b_t	=2*C11-D11		

图 3-40 截距计算

2. 平均值预测法

1）定义。在呼叫中心行业，平均值预测法常用于对近期话务量的预测，如利用前几周实际发生通话量的平均数作为下周通话量的预测值。为了提高其预测精准度，将过去几周实际发生的通话量都赋予不同的权重，如因近期政策调整或促销活动增加，预计近期的通话量会显著增多，那么近两三周的通话量将会赋予更大的权重，这种预测方式叫加权移动平均法。

此外，一些企业会先对过去几周的通话量进行人为修正，并计算周平均通话量，再判断数据的相关系数，利用标准差调整预测数值，最终获得近期的通话量预测值，其计算公式为：

$$周话务量预测值 = 历史几周的实际周通话量平均值 \pm 标准差$$

其中，标准差需要根据相关系数 R^2 值大小，进而判定修正预测话务量的方式。这种预测话务量的方法可以更好地反映话务量的变动趋势，因此下面重点介绍此方法的实际应用。

2）运用平均值预测法的一般流程如图 3-41 所示。

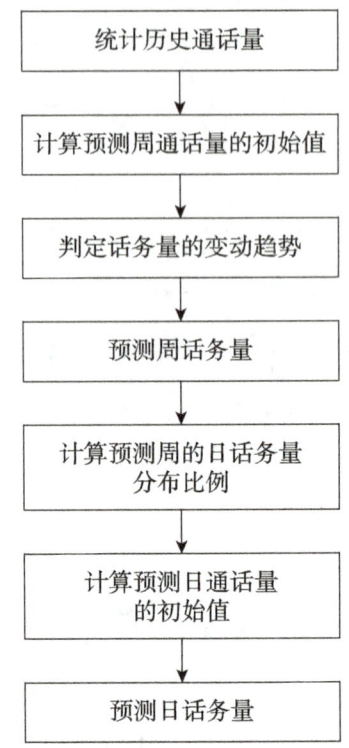

图 3-41　运用平均值预测法的一般流程

① 统计历史通话量：运用平均值预测法统计过去几周的话务量（10 周左右）。

② 计算预测周通话量的初始值：计算汇总的历史周通话量的平均值和标准差，将平均值设定为周通话量的预测值。

③ 判定话务量的变动趋势：选择历史周通话量，插入折线图，将折线图的趋势线格式设置为"线性"和"显示 R 平方值"，通过 R^2 和 0.4 的大小对比，判定未来周通话量的变动趋势（如小于 0.4，说明未来周通话量将减少）。

④ 预测周话务量：如判定预期话务量将减少（R^2 小于 0.4），则预测周话务量等于预测周通话量的初始值减去其标准差；如 R^2 大于 0.4，将预测周通话量的初始值加上其标准差作为预测周话务量。

⑤ 计算预测周的日话务量分布比例：以一个星期（7 天）为一个周期，计算汇总的过去几周每日话务量在该周话务量的占比。计算过去几周同一星期的话务量占比（如各周星期一的话务量占比）的平均值，作为预测周同一星期的话务量分布比例。

⑥ 计算预测日通话量的初始值：用预测周的话务量分别乘上预测的日话务量的分布比例，得出对应的预测的日话务量的初始值。

⑦ 预测日话务量：考虑异常系数、天气系数等影响因素，设置影响因素的相关系数值乘上预测的日话务量初始值，即为预测的日话务量。

3）实际应用

华唐呼叫中心 2019 年 5 月 2 日至 7 月 10 日已修正的通话记录见表 3-9，现在要对下周（7 月 11 日至 7 月 17 日）的话务量进行预测。

表 3-9 历史话务量统计

调节系数	2.5	1	1	…	1	1	1	1
日期	5/2	5/3	5/4	…	7/7	7/8	7/9	7/10
星期	星期一	星期二	星期三	…	星期四	星期五	星期六	星期日
总量	3 458	2 936	3 247	…	3 358	3 473	2 225	1 671
0：00	7.5	1	2	…	0	1	1	1
0：30	2.5	0	0	…	0	0	1	0
1：00	0	0	1	…	0	0	0	0
1：30	0	0	0	…	0	0	0	0
2：00	0	0	0	…	0	0	0	0
2：30	0	0	0	…	0	0	0	0
3：00	0	1	0	…	0	0	0	0
3：30	0	0	0	…	0	0	0	0
4：00	0	0	0	…	0	0	0	0
4：30	0	0	0	…	0	0	0	0
5：00	2.5	0	0	…	0	0	0	0
5：30	0	0	0	…	0	0	1	0
6：00	0	0	1	…	2	3	1	1
6：30	0	2	2	…	2	2	1	2
7：00	10	1	5	…	6	5	4	5
7：30	30	8	5	…	16	13	13	13
8：00	42.5	47	72	…	73	71	48	33
8：30	107.5	117	139	…	146	136	87	61
9：00	192.5	173	197	…	210	196	132	94
9：30	207.5	187	200	…	210	210	128	90

(续)

调节系数	2.5	1	1	…	1	1	1	1
日期	5/2	5/3	5/4	…	7/7	7/8	7/9	7/10
星期	星期一	星期二	星期三	…	星期四	星期五	星期六	星期日
10：00	182.5	169	206	…	204	214	132	95
…	…	…	…	…	…	…	…	…
17：00	167.5	126	118	…	148	174	87	73
17：30	100	73	83	…	80	106	74	52
18：00	72.5	36	39	…	53	60	39	31
18：30	27.5	26	28	…	29	32	31	21
19：00	20	23	10	…	20	24	19	13
19：30	12.5	14	23	…	11	17	13	8
20：00	25	14	14	…	10	11	11	11
20：30	10	10	9	…	7	9	9	7
21：00	15	3	8	…	9	10	8	9
21：30	7.5	8	7	…	5	9	7	6
22：00	0	1	4	…	4	4	5	6
22：30	0	2	2	…	4	3	3	2
23：00	0	1	2	…	2	1	2	3
23：30	0	1	1	…	1	1	1	1

首先，将历史数据中每周同一星期的通话量进行汇总，计算周一到周日的通话量平均值、标准差，见表3-10。计算出的平均数暂定为下周通话量的初始值20 317，还需要进一步修正。

接着，关于预测话务量的初始值的修正，通常先利用相关系数R^2值判断预测话务量的变动趋势，如图3-42所示，选择数据并插入折线图，再选中话务量折线图并右击"设置趋势线格式"命令，如图3-43所示，选择"线性"和"显示R平方值"选项。

表3-10　预测话务量统计

下一周预测	周一	周二	周三	周四	周五	周六	周日	总计
历史通话量的平均值	3 486	3 365	3 178	3 225	3 308	2 117	1 638	20 317
历史通话量的标准差	124	248	346	220	97	85	148	851

（续）

下一周预测	周一	周二	周三	周四	周五	周六	周日	总计
参考话量	3 486	3 365	3 178	3 225	3 308	2 117	1 638	20 317
标准差	124	248	346	220	97	85	148	851
减　标准差	3 362	31 117	2 832	3 005	3 211	2 033	1 486	19 466
加　标准差	3 610	3 613	3 523	3 445	3 405	2 202	1 786	21 168

周一的日期	话量							总计
	周一	周二	周三	周四	周五	周六	周日	
5/2	3 457.5	2 936	3 247	3 240	3 335	2 112	1 261	19 589
5/9	3 251	2 986	2 990	2 655	3 199	2 042	1 671	18 794
5/16	3 366	3 566	3 305	3 486	3 330	2 185	1 701	20 939
5/23	3 634	3 689	3 471	3 330	3 433	2 235	1 757	21 549
5/30	3 576	3 445	3 129	3 164	3 222	1 975	1 587	20 098
6/6	3 579	3 335	2 289	3 262	3 317	2 084	1 647	19 513
6/13	3 379	3 298	3 492	3 312	3 348	2 164	1 818	20 811
6/20	3 512	3 566	3 222	3 202	3 232	2 045	1 614	20 393
6/27	3 487	3 302	3 281	3 240	3 191	2 107	1 652	20 260
7/4	3 616	3 527	3 350	3 358	3 473	2 225	1 671	21 221
下一周预测								
异常系数	1.0	1.0	1.0	1.0	1.0	1.0	1.0	

图 3-42　输入数据

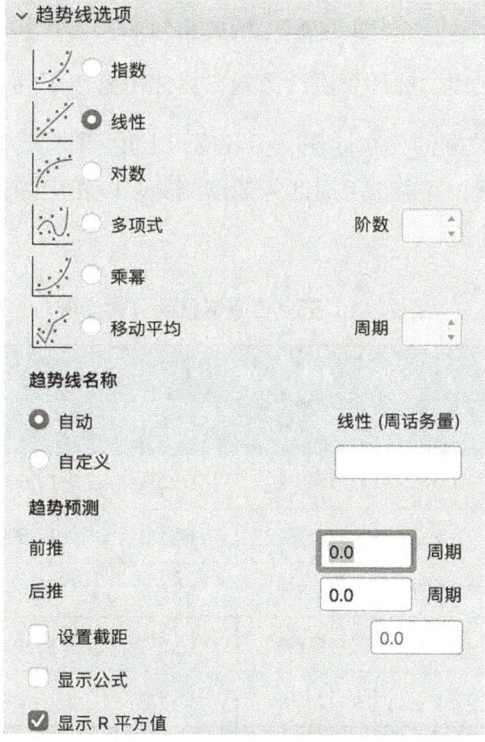

图 3-43　添加趋势线

最终，通过图 3-44 显示的相关系数判定折线图，由于 R^2 值小于 0.4，表明话务量的变动幅度较小，再结合管理人员预计未来话务量将有规律性的减少趋势，因此确定预测话务量为初始值减去标准差等于 19 466。

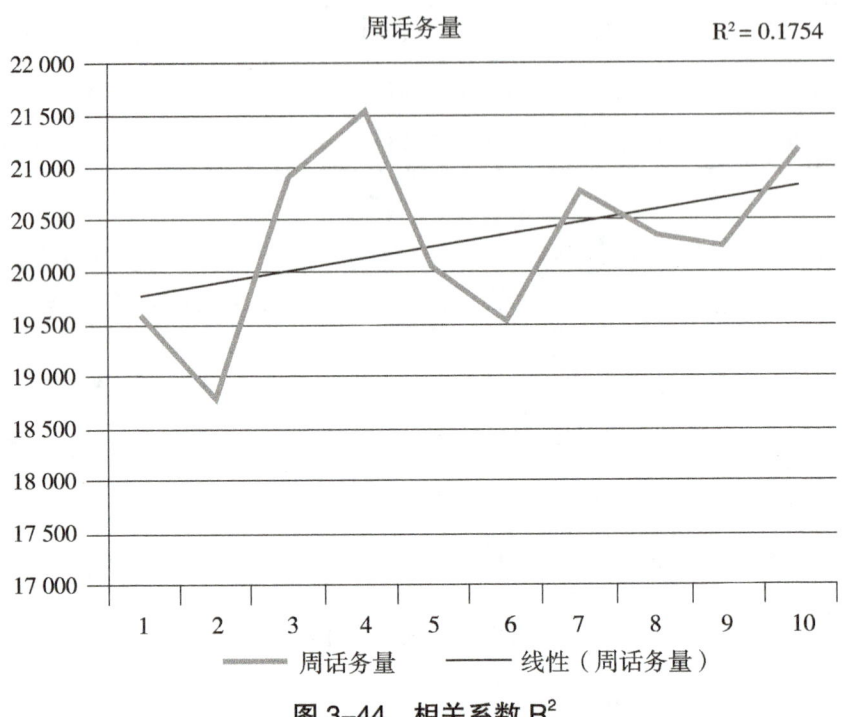

图 3-44　相关系数 R^2

计算出预测周话务量之后，要计算日话务量，具体可分以下几步：

首先，计算历史通话数据的分布比例（见表 3-11），再计算每星期的分布比例的平均值作为预测话务量的分布比例。其次，用周话务量预测值乘以相应的分布比例，算出预测周的日话务量的初始值（见表 3-12）。

表 3-11　历史日通话量的分布比例

历史通话数据的分布比例 %							
周一的日期	周一	周二	周三	周四	周五	周六	周日
5/2	17.7%	15.0%	16.6%	16.5%	17.0%	10.8%	6.4%
5/9	17.3%	15.9%	15.9%	14.1%	17.0%	10.9%	8.9%
5/16	16.1%	17.0%	15.8%	16.6%	15.9%	10.4%	8.1%
5/23	16.9%	17.1%	16.1%	15.5%	15.9%	10.4%	8.2%
5/30	17.8%	17.1%	15.6%	15.7%	16.0%	9.8%	7.9%
6/6	18.3%	17.1%	11.7%	16.7%	17.0%	10.7%	8.4%

（续）

历史通话数据的分布比例 %							
周一的日期	周一	周二	周三	周四	周五	周六	周日
6/13	16.2%	15.8%	16.8%	15.9%	16.1%	10.4%	8.7%
6/20	17.2%	17.5%	15.8%	15.7%	15.8%	10.0%	7.9%
6/27	17.2%	16.3%	16.2%	16.0%	15.8%	10.4%	8.2%
7/4	17.0%	16.6%	15.8%	15.8%	16.4%	10.5%	7.9%
下一周预测	17.2%	16.6%	15.6%	15.9%	16.3%	10.4%	8.1%

表 3-12 日话务量的预测初始值

星期	周一	周二	周三	周四	周五	周六	周日
预测通话分布比例	17.2%	16.6%	15.6%	15.9%	16.3%	10.4%	8.1%
预测日通话量初始值	3 343	3 222	3 041	3 088	3 172	2 030	1 569

最后，考虑天气、节日、安全等影响因素，设置对应预测系数调整日话务量的预测值（见表 3-13），最终确定日话务量的预测值。

表 3-13 日话务量预测值

预测日通话量初始值	3 343	3 222	3 041	3 088	3 172	2 030	1 569
预测日通话量	3 343	3 222	3 041	3 088	3 172	2 030	1 569
异常系数	1	1	1	1	1	1	1
天气系数	1	1	1	1	1	1	1
节日系数	1	1	1	1	1	1	1
安全系数	1	1	1	1	1	1	1

话务预测中经验系数的重要性

目前，大多数呼叫中心使用定性与定量结合的方式进行话务预测；其中，定性方式指的是排班管理人员凭借自身排班的经验对熟悉模型预测结果的调整。运用回归分析、指数平滑等定量方式可以科学地反映呼叫中心历史数据的变化规律，但其仅适用于过去的行业环境、客户群体；如果呼叫中心行业环境发生较大变化，如关联产业扩大产品线、新型关联行业的产生、客户的服务需求的变化，就会加剧数学预测模型的测算结果与实际值的偏差。

为了让话务预测结果更接近实际情况，排班管理人员会结合对多方面因素考虑，将其转换成相应系数值加到预测模型中。例如，公司内部方面：人力部门的招聘计划、客服的培训安排、系统维护等；公司外部方面：同行竞争压力、客户群体的需求等；政策方面：当地的鼓励消费的相关举措、提倡线上办理业务等；特殊事件：异常天气、节假日等。

举一个实际应用的例子，华唐快递呼叫中心运用数学模型对下周话务量进行预测。排班管理员了解到下周全国大范围地区迎来恶劣天气，这将影响快递的收发业务的处理进度，从而增加客户咨询客服的来电量。排班管理员通过天气系数干预通话量的预测值，预测话务量的平均增长率约为24%，见表3-14。

排班管理员与销售部门对接后，了解到下周公司要进行促销活动，于是在进行话务量预测时加入促销系数，最终导致预测话务量发生约59%的增长，见表3-15。

表3-14 话务预测——天气系数

	周一	周二	周三	周四	周五	周六	周日
预测Ⅱ通话量初始值	3 343	3 222	3 041	3 088	3 172	2 030	1 569
预测日通话量	4 346	4 188	3 954	4 015	4 124	2 233	1 726
通话量变化率	30.0%	30.0%	30.0%	30.0%	30.0%	10.0%	10.0%
异常系数	1	1	1	1	1	1	1
天气系数	1.3	1.3	1.3	1.3	1.3	1.1	1.1
节日系数	1	1	1	1	1	1	1
安全系数	1	1	1	1	1	1	1

表3-15 话务预测——促销系数

	周一	周二	周三	周四	周五	周六	周日
预测Ⅱ通话量初始值	3 343	3 222	3 041	3 088	3 172	2 030	1 569
预测日通话量	5 014	4 833	4 562	4 633	4 758	3 654	2 825
通话量变化率	50.0%	50.0%	50.0%	50.0%	50.0%	80.0%	80.0%
促销系数	1.5	1.5	1.5	1.5	1.5	1.8	1.8
天气系数	1	1	1	1	1	1	1
节日系数	1	1	1	1	1	1	1
安全系数	1	1	1	1	1	1	1

任务拓展

1. 实训任务：根据前几年的话务量统计数据，运用指数平滑预测法，预测未来一年的话务量。

2. 任务形式：以小组的形式（2或3人），运用 Excel 完成任务，并进行组内互评。

3. 任务时限：30min。

4. 任务要求：

1）打开名为"指数平滑法"的 Excel 文件。

2）在"数据分析区"完成一次指数平滑、二次指数平滑的计算，并在"绘图区"绘制二次指数平滑图，如图 3-45 所示。

3）建立话务量预测直线模型，并计算直线的斜率、截距，将计算话务量预测值填入对应单元格内。

年份	话务量/万	数据分析区		绘图区
		一次指数平滑值	二次指数平滑值	
2010	3 300			
2011	3 200			
2012	3 350			
2013	3 660			
2014	3 860			
2015	4 000			
2016	4 350			
2017	4 500			
2018	4 650			
2019	4 800			
斜率 k_t				
截距 b_t				
2020年预测话务量				

图 3-45　指数平滑法

任务 4　呼叫中心排班管理

任务分析

话务量预测是呼叫中心管理者合理地进行人员配备的前提，但仅依据话务量的预测值进行排班可能会出现"人员不足"与"人员过剩"的情况。"人员不足"是指通常情况下，如果管理层没有考虑客服人员无产能的工作时间（如小休、培训等），就会造成人手不足以应对通话量的情况意味着呼叫中心的整体服务水平无法满足拨打电话客户的需求，导致客户对服务评价较低。"人员过剩"，是指管理者在排班过程在没有综合衡量各个客服团队的业务能力，将标兵组（业务能力强）按照普通小组的通话处理效率分配通话业务量，就有可能会造成劳动力剩余的情况；虽然保障了呼叫中心的服务水平，但是投入成本超出实际需求，将会给呼叫中心造成资源浪费，这违背了呼叫中心运营管理在保障服务质量条件下，有效控制运营成本，提升服务效率的目标。

要想最大限度地提高人员配备效率，避免不必要的人力成本支出，需要对未来话务量进行有效预测后，运用合理方式实现话务量与对应人员配备的精准预估。本次任务主要介绍 Erlang C 公式在呼叫中心排班管理中的实际应用，运用 Excel 实现计算预测话务量所需配备坐席代表人数的目标。

任务实施

Erlang C 公式

1. 定义

大多数公式都建立在理想状态下，或者说是在现实状况中进行一些合理的假设。在呼叫中心计量公式中，通常进行以下 5 类假设：假设中继线未达到超负荷状态；假设单位时间内的来电量是稳定的，没有骤增或者骤减情况；假设处于工作状态的员工数量是稳定的；假设坐席代表具备处理任何通话的能力；假设单位时间内没有重复来电的情况。基于上述理想的呼叫中心工作环境，认为呼叫中心来电规律具备泊松分布的特点，因此依据泊松分布的数学表达式可以推导出预测的客户通话等待的概率、单位时间安排的坐席代表人数、单位时间的预测话务量所需处理时长之间的数量关系：

$$p(X>0) = \frac{\dfrac{A^N}{N!}\left(\dfrac{N}{N-A}\right)}{\sum_{X=0}^{N-1}\dfrac{A^X}{X!} + \dfrac{A^N}{N!}\left(\dfrac{N}{N-A}\right)} \qquad (3-9)$$

式中，$p(X)$ 是泊松分布的概率函数；$p(X>0)$ 是用户通话需要等待概率；N 是单位时间坐席代表人数；A 是单位时间内来电量处理所需时长（Traffic Intensity，又叫话务强度，其数值单位是"Erlang"）。

通常呼叫中心在进行排班前都会先制定相关指标的数值，如单位时间内的通话量（话务预测阶段)、平均处理时长(AHT)、服务水平目标(%)、服务水平时限、预估的坐席代表数量、话务强度(通过单位时间通话量与平均处理时长计算)。其中,服务水平目标值是呼叫中心团队最关心的指标之一,因此排班管理主要保障既定的服务水平目标的实现。

在其他指标值不变条件下,通过安排的坐席代表人数可以预测出对应的服务水平的数值,从而判断是否符合服务水平目标值。服务水平的预测计算公式:

$$预测服务水平 = 1 - \{p(X>0) \times \mathrm{EXP}[-(坐席代表人数 - 话务强度 \times \frac{服务水平时限}{平均处理时长})]\} \tag{3-10}$$

式中,$p(X>0)$ 是 Erlang C 公式的值;EXP 是自然常数 e 的指数。

通过预测服务水平与其目标值的对比,来调整坐席代表人数,从而保障既定的服务水平目标值的实现。

2. 呼叫中心排班管理的一般流程(见图 3-46)

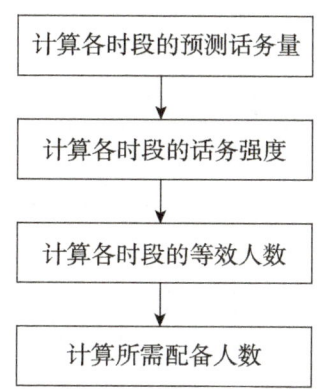

图 3-46 呼叫中心排班管理的一般流程

① 计算各时段的预测话务量:将预测的日话务量分别乘以对应的日期中各时段的话务量分布比例,最终获得各时段的预测话务量。

② 计算各时段的话务强度:将每时段(通常以半小时为单位)的通话量转换为话务强度,其计算公式:

$$\mathrm{Intensity} = \frac{半小时通话量}{1800} \times \mathrm{AHT} \tag{3-11}$$

③ 计算各时段的等效人数:根据"预测服务水平计算公式",计算对应时段的等效人数。

④ 计算所需配备人数:基于计算出的等效人数,考虑统计的人员损耗占比(如小休、病假等),最终得出各时段的所需配备人数。

3. 实际应用

基于任务 3 对华唐呼叫中心的周话务量的预测结果,现对需要的坐席代表人数进行计算。首先统计过去几周中星期一的各时段通话量,见表 3-16。按照同样的方式统计其他星期的通话量,并计算每个星期各时段平均通话量分布比例,统计结果见表 3-17。用任务 3 中已计算出的日话务量分别乘以对应的日期中各时段的话务量分布比例,最终获得各时段的预测话务量,见表 3-18。

表 3-16 历史数据统计表

日期	5/30	6/6	6/13	6/20	6/27	7/4	总计	分布比例
星期	星期一	星期一	星期一	星期一	星期一	星期一		
日通话量	3 576	3 579	3 379	3 512	3 487	3 616	21 149	100.00%
0:00	2	0	0	1	1	1	4.83	0.02%
0:30	1	0	0	0	1	0	2.25	0.01%
1:00	0	0	0	0	0	0	0.00	0.00%
1:30	0	3	0	0	1	1	4.52	0.02%
2:00	1	0	0	0	0	0	1.17	0.01%
2:30	0	0	0	0	0	0	0.00	0.00%
3:00	0	0	0	0	0	0	0.00	0.00%
3:30	0	0	0	1	0	0	1.00	0.00%
4:00	0	0	0	0	0	0	0.00	0.00%
4:30	0	0	0	0	0	0	0.00	0.00%
5:00	0	0	0	0	0	1	0.51	0.00%
5:30	0	0	0	0	1	0	1.46	0.01%
6:00	0	3	0	3	0	2	8.05	0.04%
6:30	3	18	4	1	0	5	30.96	0.15%
7:00	7	18	1	7	2	6	40.85	0.19%
7:30	23	18	16	12	13	18	100.28	0.47%
8:00	58	45	49	52	54	57	314.81	1.49%
8:30	158	168	144	158	155	142	925.21	4.37%
9:00	211	252	161	194	193	212	1 222.85	5.78%
9:30	246	234	217	195	195	221	1 308.33	6.19%

（续）

日期	5/30	6/6	6/13	6/20	6/27	7/4	总计	分布比例
星期	星期一	星期一	星期一	星期一	星期一	星期一	总计	分布比例
日通话量	3 576	3 579	3 379	3 512	3 487	3 616	21 149	100.00%
10:00	210	246	208	270	205	222	1 361.39	6.44%
…	…	…	…	…	…	…	…	…
18:00	73	69	44	46	70	60	362.09	1.71%
18:30	25	54	22	34	27	33	195.44	0.92%
19:00	21	18	18	17	35	21	130.39	0.62%
19:30	18	15	13	21	18	18	102.53	0.48%
20:00	11	27	16	6	15	18	93.11	0.44%
20:30	6	6	8	17	9	8	53.82	0.25%
21:00	1	21	8	6	9	10	54.86	0.26%
21:30	3	3	2	4	5	5	22.39	0.11%
22:00	6	9	3	5	6	5	34.21	0.16%
22:30	3	3	2	4	2	3	16.57	0.08%
23:00	1	3	1	2	0	2	8.99	0.04%
23:30	0	0	0	2	0	0	2.38	0.01%

表 3-17 预测周话务量分布比例

时段	星期一	星期二	星期三	星期四	星期五	星期六	星期日
0:00	0.02%	0.02%	0.02%	0.01%	0.00%	0.03%	0.04%
0:30	0.01%	0.00%	0.01%	0.01%	0.01%	0.01%	0.03%
1:00	0.00%	0.01%	0.02%	0.01%	0.03%	0.01%	0.01%
1:30	0.02%	0.01%	0.00%	0.01%	0.01%	0.00%	0.01%
2:00	0.01%	0.00%	0.02%	0.00%	0.01%	0.01%	0.01%
2:30	0.00%	0.00%	0.00%	0.00%	0.02%	0.00%	0.01%
3:00	0.00%	0.00%	0.01%	0.00%	0.01%	0.00%	0.01%
3:30	0.00%	0.00%	0.00%	0.00%	0.00%	0.01%	0.01%
4:00	0.00%	0.00%	0.00%	0.00%	0.00%	0.00%	0.01%

（续）

时段	星期一	星期二	星期三	星期四	星期五	星期六	星期日
4：30	0.00%	0.00%	0.01%	0.00%	0.00%	0.01%	0.00%
5：00	0.00%	0.01%	0.01%	0.02%	0.01%	0.00%	0.00%
5：30	0.01%	0.01%	0.01%	0.02%	0.00%	0.00%	0.03%
6：00	0.04%	0.03%	0.02%	0.03%	0.08%	0.07%	0.07%
6：30	0.15%	0.05%	0.03%	0.11%	0.06%	0.10%	0.12%
7：00	0.19%	0.10%	0.18%	0.15%	0.13%	0.21%	0.26%
7：30	0.47%	0.47%	0.50%	0.49%	0.44%	0.64%	0.67%
8：00	1.49%	2.23%	2.28%	2.05%	2.00%	2.37%	2.22%
8：30	4.37%	4.23%	4.58%	4.27%	3.99%	4.19%	3.77%
9：00	5.78%	6.10%	6.59%	6.22%	5.82%	6.27%	5.52%
9：30	6.19%	6.01%	6.54%	6.12%	6.11%	5.93%	5.29%
10：00	6.44%	5.97%	6.01%	6.16%	6.02%	5.77%	5.99%
…	…	…	…	…	…	…	…
18：00	1.71%	1.40%	1.43%	1.58%	1.72%	1.73%	1.88%
18：30	0.92%	0.86%	0.72%	0.88%	0.97%	1.35%	1.24%
19：00	0.62%	0.60%	0.54%	0.70%	0.68%	0.80%	0.86%
19：30	0.48%	0.38%	0.37%	0.39%	0.49%	0.63%	0.70%
20：00	0.44%	0.34%	0.25%	0.29%	0.33%	0.48%	0.71%
20：30	0.25%	0.00%	0.22%	0.23%	0.38%	0.33%	0.43%
21：00	0.26%	0.00%	0.19%	0.24%	0.22%	0.46%	0.53%
21：30	0.11%	0.00%	0.24%	0.17%	0.21%	0.25%	0.37%
22：00	0.16%	0.00%	0.10%	0.18%	0.14%	0.19%	0.29%
22：30	0.08%	0.00%	0.13%	0.13%	0.06%	0.07%	0.12%
23：00	0.04%	0.00%	0.07%	0.04%	0.04%	0.11%	0.13%
23：30	0.01%	0.00%	0.03%	0.01%	0.03%	0.04%	0.04%
合计	1.0000	1.0000	1.0000	1.0000	1.0000	1.0000	1.0000

表 3-18 预测周话务量统计

时段	星期一	星期二	星期三	星期四	星期五	星期六	星期日
0：00	1	1	1	0	0	1	1
0：30	0	0	0	0	0	0	1
1：00	0	0	0	0	1	0	0
1：30	1	0	0	0	0	0	0
2：00	0	0	1	0	0	0	0
2：30	0	0	0	0	1	0	0
3：00	0	0	0	0	0	0	0
3：30	0	0	0	0	0	0	0
4：00	0	0	0	0	0	0	0
4：30	0	0	0	0	0	0	0
5：00	0	0	0	1	0	0	0
5：30	0	0	0	1	0	0	1
6：00	1	1	1	1	2	1	1
6：30	5	2	1	3	2	2	2
7：00	6	3	5	5	4	4	4
7：30	16	15	15	15	14	13	11
8：00	50	72	69	63	63	48	35
8：30	146	136	139	132	127	85	59
9：00	193	196	200	192	185	127	87
9：30	207	194	199	189	194	120	83
10：00	215	192	183	190	191	117	94
…	…	…	…	…	…	…	…
18：00	57	45	43	49	55	35	29
18：30	31	28	22	27	31	27	19
19：00	21	19	16	22	22	16	14
19：30	16	12	11	12	16	13	11
20：00	15	11	8	9	11	10	11
20：30	9	0	7	7	12	7	7

（续）

时段	星期一	星期二	星期三	星期四	星期五	星期六	星期日
21：00	9	0	6	7	7	9	8
21：30	4	0	7	5	7	5	6
22：00	5	0	3	5	4	4	5
22：30	3	0	4	4	2	1	2
23：00	1	0	2	1	1	2	2
23：30	0	0	1	0	1	1	1
合计	3 350	3 200	3 000	3 050	3 180	2 030	1 600

下面要根据“预测服务水平计算公式”，计算保障上述各时段预测通话量和既定服务水平条件下的等效坐席代表人数。在实际应用中，不需要将数值代入公式逐一计算，在 Excel 表中的 VBA 程序可以进行宏编辑，将复杂的计算公式自定义为一系列代码，使用者只需输入相应的指标值，最终计算出各时段预测话务量的等效人数（初始值），如图 3-47 和图 3-48 所示。

周一	
10:00:00-10:30:00 时段的话务量	215.0
AHT（秒）	140.0
话务强度(Erlang)	=B2/1800*B3
服务水平（%）	90.0%
服务水平衡量时间（秒）	12.0
预测等效坐席代表人数	

图 3-47　话务强度计算

周一	
10:00:00-10:30:00 时段的话务量	215.0
AHT（秒）	140.0
话务强度(Erlang)	16.7
服务水平（%）	90.0%
服务水平衡量时间（秒）	12.0
预测等效坐席(	=IF(B2=0, 0, agentno(B4, B6, B3, B5))

图 3-48　等效人数计算

按照上述周一（10：00 至 10：30）的所需人数计算方法，计算一周每个星期的各时段的等效坐席代表人数（初始值），结果见表 3-19。

表 3-19　全职等效人数统计

时段	周一	周二	周三	周四	周五	周六	周日
0：00	2	7	2	2	2	2	2
0：30	2	2	2	2	2	2	2
1：00	2	2	2	2	2	2	2
1：30	2	2	2	2	2	2	2
2：00	2	2	2	2	2	2	2
2：30	2	2	2	2	2	2	2
3：00	2	2	2	2	2	2	2

（续）

时段	周一	周二	周三	周四	周五	周六	周日
3:30	2	2	2	2	2	2	2
4:00	2	2	2	2	2	2	2
4:30	2	2	2	2	2	2	2
5:00	2	2	2	2	2	2	2
5:30	2	2	2	2	2	2	2
6:00	2	2	2	2	2	2	2
6:30	2	2	2	2	2	2	2
7:00	2	2	2	2	2	2	2
7:30	4	4	4	4	3	3	3
8:00	7	9	9	9	9	7	6
8:30	16	15	16	15	15	11	8
9:00	20	21	21	20	20	15	11
9:30	22	20	21	20	20	14	11
10:00	22	20	19	20	20	14	12
…	…	…	…	…	…	…	…
18:00	8	7	7	7	8	6	5
18:30	5	5	4	5	5	5	4
19:00	4	4	4	4	4	4	3
19:30	4	3	3	3	4	3	3
20:00	4	3	3	3	3	3	3
20:30	3	2	2	3	3	2	2
21:00	3	2	2	3	2	3	3
21:30	2	2	3	2	2	2	2
22:00	2	2	2	2	2	2	2
22:30	2	2	2	2	2	2	2
23:00	2	2	2	2	2	2	2
23:30	2	2	2	2	2	2	2
工时数	212	205	195	197	203	151	130

然而上述计算出的坐席代表人数是建立在员工在班次时长 8h 内 100% 投入到通话工作中的条件下，这不符合现实情况。事实上坐席代表需要适当休息、培训、其他无法接电话的因素，而这些时间都包含在员工的工作时长。如果不进行调整，计算出的人数就无法满足呼叫中心的业务需求。在图 3-49 中坐席代表平均有 28.9% 的工作时间无法进行通话工作，因此需要将这部分时间从计算所需人数公式中剔除，如图 3-50 所示。

排班参数	数值
班次时长（小时）	8
每星期时长（小时）	40
其中：	
小休	6.3%
无产能	3.3%
其他	3.0%
排班弹性	2.0%
病假	3.3%
休假	8.0%
培训	3.0%
合计	**28.9%**

图 3-49　人员损耗占比统计表

排班参数	数值
班次时长（付薪）	8
小时数 / 星期（付薪）	40
其中：	
小休	6.3%
无产能	3.3%
其他	3.0%
排班弹性	2.0%
病假	3.3%
休假	8.0%
培训	3.0%
合计	**28.9%**

周一	
10:00-10:30时段的话务量	215.0
AHT（s）	140.0
中继线负荷(Erlang)	16.7
服务水平（%）	90.0%
服务水平衡量时间（s）	12.0
预测等效坐席代表人数	23
需要配备的坐席代表人数	33

图 3-50　预测话务量所需配备人数

按照上述方法计算其余时段需要配备的人数,结果见表3-20。

表3-20 所需配备人数统计

时段	周一	周二	周三	周四	周五	周六	周日
0:00	3	10	3	3	3	3	3
0:30	3	3	3	3	3	3	3
1:00	3	3	3	3	3	3	3
1:30	3	3	3	3	3	3	3
2:00	3	3	3	3	3	3	3
2:30	3	3	3	3	3	3	3
3:00	3	3	3	3	3	3	3
3:30	3	3	3	3	3	3	3
4:00	3	3	3	3	3	3	3
4:30	3	3	3	3	3	3	3
5:00	3	3	3	3	3	3	3
5:30	3	3	3	3	3	3	3
6:00	3	3	3	3	3	3	3
6:30	3	3	3	3	3	3	3
7:00	3	3	3	3	3	3	3
7:30	6	6	6	6	5	5	5
8:00	10	13	13	13	13	10	9
8:30	23	22	23	22	22	16	12
9:00	29	30	30	29	29	22	16
9:30	31	29	30	29	29	20	16
10:00	31	29	27	29	29	20	17
…	…	…	…	…	…	…	…
18:00	12	10	10	10	12	9	8
18:30	8	8	6	8	8	8	6
19:00	6	6	6	6	6	6	5
19:30	6	5	5	5	6	5	5

（续）

时段	周一	周二	周三	周四	周五	周六	周日
20：00	6	5	5	5	5	5	5
20：30	5	3	3	5	5	3	3
21：00	5	3	3	5	3	5	5
21：30	3	3	5	3	3	3	3
22：00	3	3	3	3	3	3	3
22：30	3	3	3	3	3	3	3
23：00	3	3	3	3	3	3	3
23：30	3	3	3	3	3	3	3
工时数	306	297	283	288	296	222	192

必备知识

1. 泊松分布（Poisson Distribution）

在统计学常用于描述随机事件发生次数的概率分布，如业务办理窗口前排队的概率分布、呼叫系统拨打用户的次数等，其数学表达式为：

$$p(x=k) = \frac{\gamma^k}{k!}e^{-\gamma} \tag{3-12}$$

式中，γ 是某事件平均发生的次数；$p(x=k)$ 是某事件发生 k 次的概率。

2. 爱尔兰公式

爱尔兰公式又叫 Erlang 公式，呼叫中心常用的 Erlang 公式有：Erlang C、Erlang B、Erlang A。其中，Erlang C 公式是基于较简单的排队模型，即最先拨打电话的客户优先得到坐席代表的服务，不考虑客户中途放弃、重复拨打、中继线超负荷等因素。

Erlang B 公式的排队模型是建立在中继线的承载水平与坐席代表人数紧密关联程度的条件上，即坐席代表都在进行接听工作时，系统不再接通新的客户来电。因此 Erlang B 公式又叫"呼叫被阻塞的概率"。Erlang A 公式是在 Erlang C 公式的基础上，纳入客户通话放弃率因素，即当客户等待电话接通时间过久，就会放弃通话的机会。

相比其他公式，Erlang C 公式广泛应用于呼叫中心话务量预测，然而通过 Erlang C 公式中的所需坐席代表人数是等效配备人数，其建立在呼叫中心的员工利用率为 100%，这显然不符合现实情况。因此需要对 Erlang C 计算出的配备人数进行调整,纳入包含在出勤时间但无法承担话务接听工作的时间,也叫"非生产活动时间",如小休时间、用餐时间、培训时间等。

3. 话务强度

话务强度是呼叫中心表示从客户拨打电话到客服人员服务结束并挂断电话的时长,其中包括客户通话等待时长、坐席代表通话时长。在 Erlang C 公式应用中,话务强度的数学表达式为:

$$\text{Intensity} = \frac{\text{半小时通话量}}{1800} \times \text{AHT} \quad (3\text{-}13)$$

式中,"1800"是以每小时为单位计算该时段的话务强度,30×60=1800,即 1800s。话务强度值可以理解为:单位时间(s)内需要处理的工作时间(s),呼叫中心管理层可以根据此数值确认需要配备的客服人员的数量。如某时段的话务强度为 30,即可以理解为该时段每秒需要 30 人。

话务强度与话务员的人数相关,通常来讲,呼叫中心为了保障客户可以及时拨通电话,在原来安排的客服人员数量的基础上,增加一定比例的坐席代表,从而需要增加中继线数量,提高中继线的整体承载能力。

任务拓展

1. 实训任务:依据现有的话务量预测统计表,计算所需配备人数,并运用 Erlang C 公式计算呼入等待率、计算预测服务水平,并对计算结果进行分析与评价。

2. 任务形式:以小组的形式(3~5 人),运用 Excel 完成任务,并进行组内互评。

3. 任务时限:60min。

4. 任务要求:

1)打开名为"人员排班"的 Excel 文件。

2)在"预测话务量"工作表中依据日话务量分布比例和周话务量预测统计表,计算各时段的日话务量预测值,如图 3-51 所示。

3)在"全职等效人数"工作表中依据相关绩效指标的目标值计算中继线负荷值并完成对应表格内容;根据排班参数和已计算出的全职等效人数初始值,计算所需配备人数并填入表格中,如图 3-52 和图 3-53 所示。

星期	周一	周二	周三	周四	周五	周六	周日
周话务量预测合计：19 410							
日话量	3350	3200	3000	3050	3180	2030	1600

日话务量分布比例								日预测话务量							
时段	周一	周二	周三	周四	周五	周六	周日	时段	周一	周二	周三	周四	周五	周六	周日
0:00	0.02%	0.02%	0.02%	0.01%	0.00%	0.03%	0.04%	0:00							
0:30	0.01%	0.00%	0.01%	0.01%	0.01%	0.01%	0.03%	0:30							
1:00	0.00%	0.01%	0.02%	0.01%	0.03%	0.01%	0.01%	1:00							
1:30	0.02%	0.01%	0.00%	0.01%	0.01%	0.00%	0.01%	1:30							
2:00	0.01%	0.00%	0.02%	0.00%	0.01%	0.01%	0.01%	2:00							
2:30	0.00%	0.00%	0.00%	0.02%	0.02%	0.02%	0.01%	2:30							
3:00	0.00%	0.00%	0.01%	0.00%	0.00%	0.01%	0.01%	3:00							
3:30	0.00%	0.00%	0.00%	0.00%	0.01%	0.00%	0.01%	3:30							
4:00	0.00%	0.00%	0.00%	0.00%	0.00%	0.00%	0.01%	4:00							
4:30	0.00%	0.00%	0.01%	0.00%	0.00%	0.01%	0.00%	4:30							
5:00	0.00%	0.01%	0.01%	0.00%	0.02%	0.00%	0.01%	5:00							
5:30	0.01%	0.01%	0.01%	0.02%	0.00%	0.00%	0.03%	5:30							
6:00	0.04%	0.03%	0.02%	0.03%	0.08%	0.07%	0.07%	6:00							
6:30	0.15%	0.05%	0.03%	0.11%	0.06%	0.10%	0.12%	6:30							
7:00	0.19%	0.10%	0.18%	0.15%	0.13%	0.21%	0.26%	7:00							
7:30	0.47%	0.47%	0.50%	0.49%	0.44%	0.64%	0.67%	7:30							
8:00	1.49%	2.23%	2.28%	2.05%	2.00%	2.37%	2.22%	8:00							
8:30	4.37%	4.23%	4.58%	4.27%	3.99%	4.19%	3.77%	8:30							
9:00	5.78%	6.10%	6.59%	6.22%	5.82%	6.27%	5.52%	9:00							
9:30	6.19%	6.01%	6.54%	6.12%	6.11%	5.93%	5.29%	9:30							
10:00	6.44%	5.97%	6.01%	6.16%	6.02%	5.77%	5.99%	10:00							
10:30	5.49%	6.02%	5.64%	5.69%	5.56%	5.70%	5.55%	10:30							
11:00	5.24%	5.52%	5.62%	5.40%	4.87%	5.27%	5.49%	11:00							
11:30	3.92%	3.96%	4.35%	4.00%	3.94%	4.61%	4.58%	11:30							
12:00	2.87%	2.86%	2.82%	2.83%	2.71%	3.26%	4.14%	12:00							
12:30	2.63%	2.62%	2.99%	2.63%	2.52%	3.44%	3.76%	12:30							
13:00	3.02%	2.97%	2.98%	2.87%	2.69%	3.44%	3.00%	13:00							
13:30	3.55%	3.39%	3.58%	3.27%	3.33%	3.88%	3.68%	13:30							
14:00	4.46%	4.51%	4.47%	4.40%	4.03%	3.88%	4.30%	14:00							
14:30	5.37%	5.42%	5.81%	5.43%	5.49%	4.56%	4.67%	14:30							
15:00	6.45%	6.75%	6.77%	6.32%	6.61%	5.45%	5.23%	15:00							
15:30	6.53%	6.81%	5.83%	6.59%	6.86%	5.66%	5.73%	15:30							
16:00	6.84%	6.67%	5.99%	6.52%	7.07%	6.58%	5.86%	16:00							
16:30	6.02%	6.29%	5.44%	6.38%	6.19%	5.10%	5.32%	16:30							
17:00	4.56%	4.68%	4.23%	4.54%	5.07%	3.95%	4.09%	17:00							
17:30	2.76%	2.71%	2.36%	2.62%	3.02%	3.14%	3.21%	17:30							
18:00	1.71%	1.40%	1.43%	1.58%	1.72%	1.73%	1.88%	18:00							
18:30	0.92%	0.86%	0.72%	0.88%	0.97%	1.35%	1.24%	18:30							
19:00	0.62%	0.60%	0.54%	0.70%	0.68%	0.80%	0.86%	19:00							
19:30	0.48%	0.38%	0.37%	0.39%	0.49%	0.63%	0.70%	19:30							
20:00	0.44%	0.34%	0.25%	0.29%	0.33%	0.48%	0.71%	20:00							

图 3-51　日话务量计算

用户呼入等待率	8%
工作时间（h）	24
AHT（s）	140
服务水平（百分比）	90%
服务水平时限（s）	12

排班参数	数值
班次时长（h）	8
每星期时长（h）	40
其中：	
小休	6.3%
无产能	3.3%
其他	3.0%
排班弹性	2.0%
病假	3.3%
休假	8.0%
培训	3.0%
合计	28.9%

时段	话务强度						
	周一	周二	周三	周四	周五	周六	周日
0:00							
0:30							
1:00							
1:30							
2:00							
2:30							
3:00							
3:30							
4:00							
4:30							
5:00							
5:30							
6:00							
6:30							
7:00							
7:30							
8:00							
8:30							
9:00							
9:30							
10:00							
10:30							
11:00							
11:30							
12:00							
12:30							
13:00							
13:30							
14:00							
14:30							
15:00							
15:30							
16:00							
16:30							
17:00							
17:30							
18:00							
18:30							

图 3-52 话务强度计算

时段	全职等效人数初始值（已用公式计算）							时段	所需配备人数						
	周一	周二	周三	周四	周五	周六	周日		周一	周二	周三	周四	周五	周六	周日
0:00	2	2	2	2	2	2	2	0:00							
0:30	2	2	2	2	2	2	2	0:30							
1:00	2	2	2	2	2	2	2	1:00							
1:30	2	2	2	2	2	2	2	1:30							
2:00	2	2	2	2	2	2	2	2:00							
2:30	2	2	2	2	2	2	2	2:30							
3:00	2	2	2	2	2	2	2	3:00							
3:30	2	2	2	2	2	2	2	3:30							
4:00	2	2	2	2	2	2	2	4:00							
4:30	2	2	2	2	2	2	2	4:30							
5:00	2	2	2	2	2	2	2	5:00							
5:30	2	2	2	2	2	2	2	5:30							
6:00	2	2	2	2	2	2	2	6:00							
6:30	2	2	2	2	2	2	2	6:30							
7:00	2	2	2	2	2	2	2	7:00							
7:30	4	4	4	4	3	3	3	7:30							
8:00	7	9	9	9	9	7	6	8:00							
8:30	16	15	16	15	15	11	8	8:30							
9:00	21	21	21	20	20	15	11	9:00							
9:30	22	21	21	20	21	14	11	9:30							
10:00	23	20	19	20	20	14	12	10:00							
10:30	20	21	19	19	19	14	11	10:30							
11:00	19	19	18	18	17	13	11	11:00							
11:30	15	15	15	14	15	12	10	11:30							
12:00	12	11	11	11	11	9	9	12:00							
12:30	11	11	11	10	10	9	8	12:30							
13:00	12	12	11	11	11	9	7	13:00							
13:30	14	13	13	12	13	10	8	13:30							
14:00	17	16	15	15	15	10	9	14:00							
14:30	19	19	19	18	19	12	10	14:30							
15:00	23	23	21	21	22	13	11	15:00							
15:30	23	23	19	21	23	14	11	15:30							
16:00	24	22	19	21	23	15	12	16:00							
16:30	21	21	18	21	21	13	11	16:30							
17:00	17	17	15	16	18	10	9	17:00							
17:30	12	11	9	10	12	9	8	17:30							
18:00	8	7	7	7	8	6	5	18:00							
18:30	5	5	4	5	5	5	4	18:30							
19:00	4	4	4	4	4	4	3	19:00							
19:30	4	3	3	3	4	3	3	19:30							
20:00	4	3	3	3	3	3	3	20:00							

图 3-53　所需配备人数计算

4）在"Erlang 值"工作表中，根据已计算出的对应时段的用户呼入等待率，判断是否满足呼叫中心既定的用户呼入等待率的目标值，如图 3-54 所示。

5）在"预测服务水平"工作表中，根据已计算各时段预测服务水平，判断是否满足呼叫中心既定的服务水平目标值，如图 3-55 所示。

Erlang值（已用ErlangC公式计算）

时段	周一	周二	周三	周四	周五	周六	周日
0:00	0.17%	0.15%	0.09%	0.04%	0.01%	0.10%	0.11%
0:30	0.04%	0.00%	0.05%	0.01%	0.04%	0.03%	0.09%
1:00	0.00%	0.01%	0.06%	0.01%	0.20%	0.01%	0.01%
1:30	0.15%	0.03%	0.00%	0.01%	0.04%	0.00%	0.01%
2:00	0.01%	0.00%	0.09%	0.00%	0.01%	0.01%	0.01%
2:30	0.00%	0.00%	0.00%	0.00%	0.09%	0.00%	0.01%
3:00	0.00%	0.00%	0.00%	0.01%	0.00%	0.01%	0.01%
3:30	0.01%	0.00%	0.00%	0.00%	0.01%	0.00%	0.01%
4:00	0.00%	0.00%	0.00%	0.00%	0.00%	0.00%	0.01%
4:30	0.00%	0.00%	0.01%	0.00%	0.00%	0.01%	0.00%
5:00	0.00%	0.04%	0.04%	0.08%	0.03%	0.00%	0.00%
5:30	0.02%	0.04%	0.01%	0.09%	0.00%	0.00%	0.08%
6:00	0.47%	0.22%	0.10%	0.25%	1.72%	0.51%	0.39%
6:30	6.11%	0.81%	0.32%	3.01%	0.92%	1.10%	1.08%
7:00	10.12%	2.99%	7.33%	5.68%	4.75%	4.86%	4.51%
7:30	4.07%	3.31%	3.39%	3.27%	11.24%	9.42%	5.76%
8:00	11.87%	13.44%	11.11%	6.99%	7.57%	10.24%	7.18%
8:30	14.61%	14.29%	9.39%	11.13%	9.34%	8.76%	12.65%
9:00	16.58%	11.25%	12.55%	14.10%	11.74%	9.49%	10.89%
9:30	11.79%	15.64%	11.79%	12.45%	16.98%	11.52%	8.55%
10:00	16.28%	14.85%	15.12%	13.18%	15.23%	9.64%	9.22%
10:30	11.09%	15.96%	15.20%	11.39%	13.07%	8.90%	11.19%
11:00	12.43%	12.91%	14.72%	12.34%	13.04%	9.81%	10.57%
11:30	11.79%	9.30%	11.30%	12.50%	14.83%	8.02%	7.69%
12:00	9.47%	13.18%	8.50%	9.62%	9.50%	9.40%	9.43%
12:30	10.73%	8.07%	11.79%	12.44%	12.47%	12.14%	12.40%
13:00	12.81%	8.84%	11.70%	10.30%	9.09%	12.27%	10.03%
13:30	10.67%	10.65%	9.94%	11.79%	9.09%	11.37%	11.21%
14:00	9.99%	13.19%	13.45%	13.59%	10.07%	11.37%	11.31%
14:30	14.81%	11.25%	11.69%	12.96%	11.89%	14.14%	8.53%
15:00	16.54%	16.56%	15.50%	16.07%	13.32%	11.97%	7.97%
15:30	12.06%	11.69%	12.10%	14.29%	11.81%	15.15%	13.40%
16:00	17.57%	14.95%	14.69%	13.10%	15.18%	13.20%	8.10%
16:30	14.72%	14.41%	11.56%	11.03%	12.02%	14.51%	8.88%
17:00	11.76%	10.23%	9.28%	9.92%	10.63%	12.36%	8.87%
17:30	14.09%	9.75%	13.16%	12.10%	9.43%	7.69%	13.37%
18:00	9.98%	7.47%	6.10%	10.16%	7.95%	6.77%	10.31%
18:30	11.48%	7.72%	10.70%	6.92%	11.43%	7.45%	8.13%
19:00	9.18%	7.43%	4.38%	10.07%	10.47%	4.28%	10.78%
19:30	4.36%	8.03%	6.49%	7.50%	3.83%	9.06%	6.44%
20:00	3.20%	6.01%	2.36%	3.63%	5.68%	4.61%	6.73%

预测话务量 / 全职等效人数 / Erlang值 / 预测服务水平

图 3-54 Erlang 值分析

时段	预测服务水平（已用服务水平预测公式计算）						
	周一	周二	周三	周四	周五	周六	周日
0:00	99.86%	99.87%	99.92%	99.97%	100.00%	99.92%	99.91%
0:30	99.97%	100.00%	99.96%	99.99%	99.97%	99.98%	99.93%
1:00	100.00%	99.99%	99.95%	99.99%	99.83%	99.99%	99.99%
1:30	99.87%	99.98%	100.00%	99.99%	99.96%	100.00%	99.99%
2:00	99.99%	100.00%	99.93%	100.00%	99.99%	99.99%	99.99%
2:30	100.00%	100.00%	100.00%	100.00%	99.93%	100.00%	99.99%
3:00	100.00%	100.00%	99.99%	100.00%	99.99%	100.00%	99.99%
3:30	99.99%	100.00%	100.00%	100.00%	99.99%	100.00%	99.99%
4:00	100.00%	100.00%	100.00%	100.00%	100.00%	100.00%	99.99%
4:30	100.00%	100.00%	99.99%	100.00%	100.00%	99.99%	100.00%
5:00	100.00%	99.97%	99.97%	99.93%	99.97%	100.00%	100.00%
5:30	99.99%	99.97%	99.99%	99.93%	100.00%	100.00%	99.93%
6:00	99.61%	99.81%	99.92%	99.79%	98.54%	99.57%	99.67%
6:30	94.74%	99.32%	99.73%	97.44%	99.22%	99.07%	99.09%
7:00	91.18%	97.45%	93.67%	95.12%	95.93%	95.84%	96.14%
7:30	96.90%	97.50%	97.43%	97.52%	90.60%	92.18%	95.31%
8:00	91.30%	90.55%	92.39%	95.48%	95.06%	92.61%	94.81%
8:30	91.15%	91.20%	94.88%	93.52%	94.76%	94.53%	90.93%
9:00	90.44%	94.36%	93.49%	92.25%	93.89%	94.66%	92.96%
9:30	94.15%	91.13%	94.01%	93.40%	90.13%	93.06%	94.69%
10:00	91.02%	91.71%	91.33%	92.90%	91.43%	94.40%	94.37%
10:30	94.33%	90.89%	91.09%	93.98%	92.81%	94.91%	92.74%
11:00	93.26%	92.92%	91.45%	93.16%	92.49%	94.12%	93.21%
11:30	93.04%	94.79%	93.40%	92.35%	90.58%	95.22%	95.15%
12:00	94.19%	91.22%	94.72%	93.91%	94.00%	93.70%	93.68%
12:30	93.09%	95.03%	92.28%	91.57%	91.55%	91.58%	91.13%
13:00	91.71%	94.65%	92.36%	93.41%	94.29%	91.48%	92.78%
13:30	93.67%	93.52%	94.03%	92.49%	94.63%	92.40%	92.08%
14:00	94.62%	92.20%	91.83%	91.73%	94.27%	92.40%	92.23%
14:30	91.56%	94.07%	93.77%	92.72%	93.63%	90.47%	94.53%
15:00	90.82%	90.81%	91.41%	90.81%	93.12%	92.55%	95.10%
15:30	94.12%	94.36%	93.49%	92.28%	94.29%	90.12%	91.04%
16:00	90.24%	91.98%	91.65%	93.11%	91.98%	92.01%	95.17%
16:30	91.97%	92.20%	93.71%	94.51%	93.85%	90.40%	94.45%
17:00	93.40%	94.46%	94.80%	94.52%	94.34%	91.64%	94.10%
17:30	90.50%	93.82%	90.77%	91.83%	94.22%	94.97%	90.08%
18:00	93.05%	94.78%	95.82%	92.68%	94.60%	95.13%	92.05%
18:30	91.07%	94.16%	91.41%	94.81%	91.11%	94.39%	93.58%
19:00	92.70%	94.16%	96.65%	91.95%	91.61%	96.73%	91.00%
19:30	96.66%	93.38%	94.70%	93.84%	97.09%	92.49%	94.74%
20:00	97.58%	95.10%	98.12%	97.09%	95.38%	96.27%	94.49%

图 3-55　预测服务水平分析

任务 5 呼叫中心数据运用与跟踪

任务分析

通过对未来发生话务量的预测计算了所需配备的人数，现在要运用预测值对预测期间的班次人数进行安排。在进行班次安排过程中，一方面要考虑目标班次的主要职责和作用；另一方面根据通话工作量和难度，安排符合对应服务水平与质量的客服小组。

呼叫中心通过排班回顾工作，及时发现存在的问题，提出相应的解决措施。此外，根据排班回顾结果，进一步调整排班管理措施，修订人员配备原则，优化现场管理流程，不断提升运营中心内部的管理水平。

任务实施

1. 人员排班

呼叫中心通常设置多个班次满足各时段话务量所需配备人数的需求，如图 3-56 所示。

A 班次的主要任务是接替夜班，并且承担 B 班次在 8：00 到岗之前发生的所有来电，因此需要符合时段 0：00~7：00 的需要配备人数。同样，B 班次在 C 上岗前，需要承担 8：00~8：30 的接听工作。

C 班次是话务高峰时间段（9：00~18：00）之前安排的最后一个班次，在负责高峰时段来电的同时，还需要与 A、B 班次共同负责 8：30~9：00 期间的来电，因此其班次人数是由 8：30~9：00 期间需要配备的人数减去 A、B 班次已经安排的人数。

D 班次的主要任务是补充话务高峰期所需配备的坐席代表。前面已经安排的 A、B、C 班次同时负责承担话务高峰期接听工作，但总人数无法满足高峰期所需配备的人数，因此 D 班次需要补充不足的人数。

E、F 班次是辅助班次，在其他班次下班或所需班次人数不足时，起到补充的作用。18：30~20：00，仅有 E、F、G 班次在岗，E、F 班次在各自下班时间之前要补充 G 班次人数来满足各时段来电量所需配备人数。

G 班次和夜班次的坐席代表负责 20：00~21：30 的所有来电。其中，由于夜班次成员 20：00 刚到岗，而且要承担 21：30 以后至第二天 A 班次上班前的工作，所以承担该时段的工作量主要以 G 班次为主。因此，G 班次的人数要满足 20：00～21：30 时段所需配备人数。

夜班的总工作时长为 12h，在第二个班次到岗之前，要独立承担 21：30 至第二天 7：00 的所有来电，因此夜班的人数需要满足该时段所需配备人数的最大值。

	A	B	C	D	E	F	G	
1	时段	需要配备人数		班次	上班时间	下班时间	班次人数的最小值	
2	0:00-7:00	3		A	7:00	16:00	6	= B3
3	7:00-8:00	6		B	8:00	17:00	10	= B4
4	8:00-8:30	10		C	8:30	17:30	7	= B5-G3-G2
5	8:30-9:00	23		D	9:30	18:30	10	= B6-G4-G3-G2
6	9:00-18:30	33		E	10:00	19:00	2	= B7-G8
7	18:30-19:00	8		F	11:00	20:00	0	= B8-G8
8	19:00-20:00	6		G	12:30	21:30	5	= B9
9	20:00-21:30	5		夜	20:00	8:00	3	= MAX(B10,B2)
10	21:30-24:00	3						

图 3-56　排班班次统计分析

2. 排班回顾及调整（排班耦合度）

排班回顾是优化呼叫中心排班管理的举措之一，回顾历史发生业务的相关指标，与预期目标值进行对比，及时发现不足或问题并制定相应的调整方案。排班回顾的时间单位可以是日、周、月，甚至是一整年。回顾的内容包括话务量的预测准确度、运营指标（如服务水平）与目标值的对比、分析问题并制定解决方案。

在实际应用中，呼叫中心管理人员可以根据对前期指标的回顾，观察与预测情况发生出入的时间段，进而分析其原因。华唐呼叫中心某日的实际服务水平与预测值的对比如图 3-57 所示，发现圆圈标记的两个时段的服务水平出入较大（超过 10%），说明在人员排班管理上出现问题，需要通过后期的分析，查找主要原因并进行人员调整。

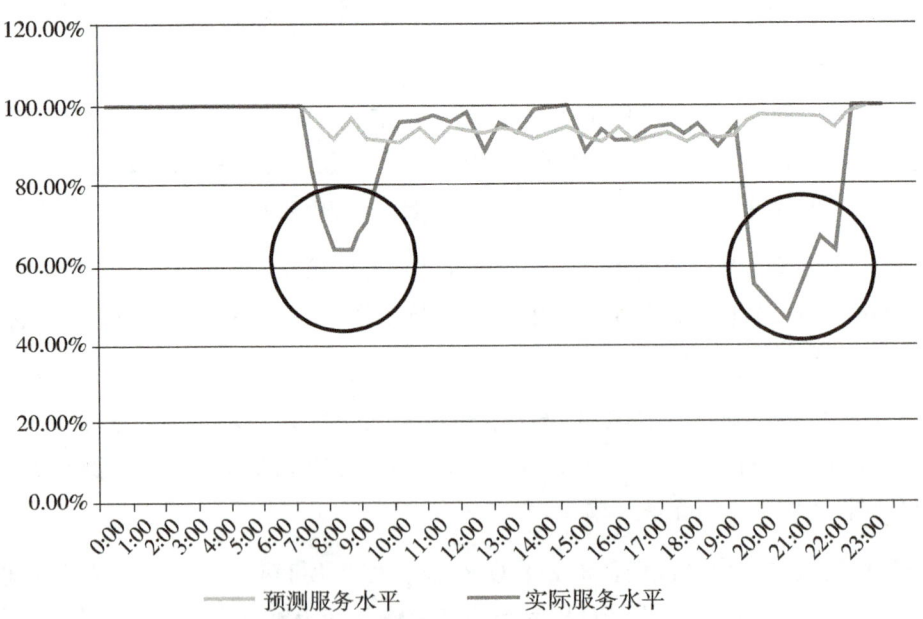

图 3-57　实际服务水平与预测值的对比

预测匹配率是表明预期话务量与实际值之间差距的指标，其计算公式为：

$$预测匹配率 = \left(1 - \frac{|预测话务量 - 实际话务量|}{实际话务量}\right) \times 100\% \quad (3\text{-}14)$$

在 Excel 表中，按照图 3-58 所示，可计算各时段对应的预测匹配率。

	A	B	C	D	E
1			星期一		
2	时段	预测业务量	实际业务量	预测匹配率	
3	0:00	1	1	100.00%	=1-(ABS(C3-B3)/C3)
4	0:30	0	0	100.00%	
5	1:00	0	0	100.00%	
6	1:30	1	1	100.00%	
7	2:00	0	0	100.00%	
8	2:30	0	0	100.00%	
9	3:00	0	0	100.00%	
10	3:30	0	0	100.00%	
11	4:00	0	0	100.00%	
12	4:30	0	0	100.00%	
13	5:00	0	0	100.00%	
14	5:30	0	0	100.00%	
15	...	...	...	...	
16	13:00	101	100	99.00%	
17	13:30	119	120	99.17%	
18	14:00	149	150	99.33%	
19	14:30	179	160	88.13%	
20	15:00	216	230	93.91%	
21	15:30	218	200	91.00%	
22	16:00	229	250	91.60%	
23	16:30	201	190	94.21%	
24	17:00	152	160	95.00%	
25	17:30	92	100	92.00%	
26	18:00	57	60	95.00%	
27	18:30	31	28	89.29%	
28	19:00	21	20	95.00%	
29	19:30	16	10	40.00%	
30	20:00	15	10	50.00%	
31	20:30	9	6	50.00%	
32	21:00	9	5	20.00%	
33	21:30	4	3	66.67%	
34	22:00	5	8	62.50%	
35	22:30	3	3	100.00%	
36	23:00	1	1	100.00%	

图 3-58　预测匹配率计算

将预测匹配率代入折线图分析，如图 3-59 所示，当日的整体预测匹配率较高，但在 6：00~8：00 和 19：00~22：00 时段的预测误差较大，其实际来电量明显大于预测值，这也是该时段相关服务指标（如服务水平）较低的主要原因之一。

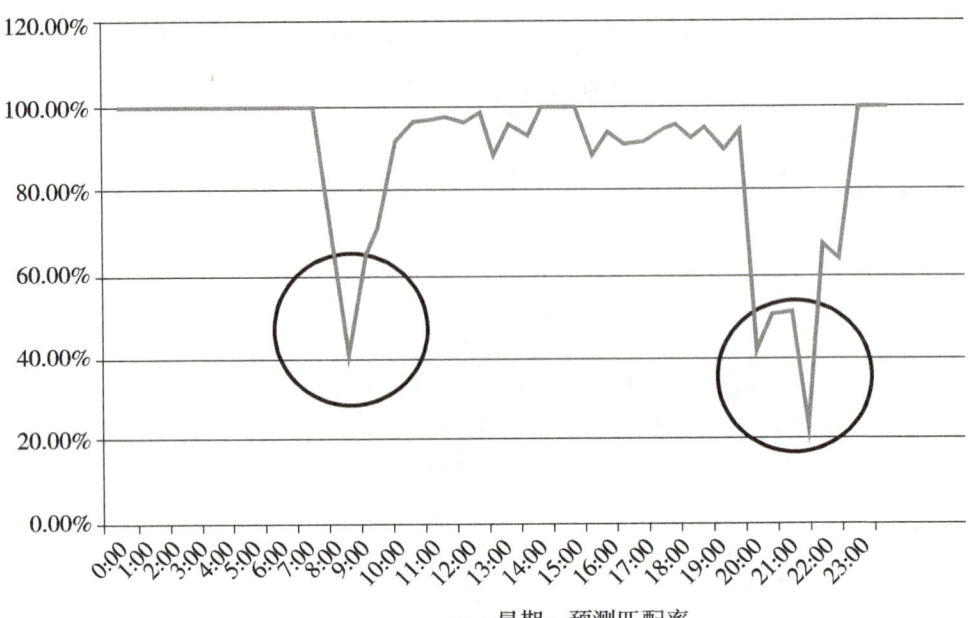

图 3-59 预测匹配率折线图

面对这类问题，一方面，呼叫中心排班管理员可以增派一个班次负责高峰期前期和下班后的接听工作；另一方面，如果排班周期表的周期较长，无法及时调整人员配备，可以考虑呼叫中心现场管理的角度，增派现场管理人员监控坐席代表的工作规范，必要时还需协助客服人员的接听工作，缓解来电量突增给呼叫中心带来的业务压力。

必备知识

排班管理需要遵循的几点原则：

（1）考虑客服代表满意度

排班管理过程中不但要考虑呼叫中心集体的效益，还要考虑员工的基本需求，体现人性化管理。呼叫中心决定客服代表满意度的因素，常见的包括排班周期内的班次类别、上班时间、自由活动时间等，见表 3-21。

表 3-21 排班原则统计

类型	说明
班次类别	早班、中班、晚班、夜班
上班时间	单工作日内 8h、12h
自由活动时间（包括吃饭、小休）	单工作日内不少于 2h

（续）

类型	说明
连续上班时间	单工作日不超过 5h
连续上班天数	单周内不超过 5 天（加班除外）
连续休息天数	单周内不超过 3 天（特殊情况除外）
班车、住宿	符合公司班车接送条件、住宿条件

（2）提高排班弹性

1）办公时间。客服代表的工作时间可以根据当天的实际来电情况进行现场调整。例如，白天话务量突增，现场管理人员可以将培训、小休时间安排到下午空闲期。此外，一些呼叫中心采用轮班制度，常见的是上夜班的班组，次日会排到晚班或休息。

2）办公人员。排班人员对未来某一期间的话务量变动趋势进行预估，假如判定话务量骤增的可能性较大，可以预先配备应援班组随时等待呼叫中心的指派。此外，面对一些运营周期较短的项目，呼叫中心可以招聘兼职人员来应对暂时性的人员缺口。

3）办公地点。面对一些特殊情况，如员工短期内无法到岗、社会公共安全问题等，远程办公是呼叫中心可以采用的解决办法之一，不但保障运营中心业务正常进行，还提高了排班的灵活性。

（3）制定应急备案

目前大多数呼叫中心实施标准化排班管理，每个排班周期的人员配备变化幅度较小，然而面临一些突发事件（如系统崩溃、来电量突增等），亟须应对特殊事件的解决方案，减小异常情况带来的负面影响。

呼叫中心管理者需要针对问题的种类，分别制定相应的应对措施，并制成手册分发给呼叫中心每位客服人员和负责人。例如，面对系统无法正常运行的情况，负责人应第一时间联系技术人员，预估维修时间，如系统需要 2~4h 的维修时间，管理人员需要缩减当天培训、小休时间；如系统无法在 4h 内恢复正常，需要立即对外发布呼叫中心当日因系统维护无法进行服务的公告。

任务拓展

1. 实训任务：对过去的排班管理情况进行回顾，计算预测匹配率、排班匹配率。

2. 任务形式：以小组的形式（2 或 3 人），运用 Excel 完成任务，并进行组内互评。

3. 任务时限:20min。

4. 任务要求:

1)打开Excel文件"排班回顾",分别计算预测匹配率和排班匹配率,如图3-60所示。

2)将单元格显示"#DIV/0!"的内容进行合理调整,将数值改为100%或0。

时段	星期一					
	预测话务量	实际话务量	预测匹配率	预测所需人数	实际排班人数	排班匹配率
0:00	1	1		3.0	3.0	
0:30	0	0		3.0	3.0	
1:00	0	0		3.0	3.0	
1:30	1	1		3.0	3.0	
2:00	0	0		3.0	3.0	
2:30	0	0		3.0	3.0	
3:00	0	0		3.0	3.0	
…	…	…		…	…	
20:00	15	10		6.0	5.0	
20:30	9	6		5.0	5.0	
21:00	9	5		5.0	5.0	
21:30	4	3		3.0	5.0	
22:00	5	8		3.0	3.0	
22:30	3	3		3.0	3.0	
23:00	1	1		3.0	3.0	
23:30	0	0		3.0	3.0	

图3-60 排班回顾

参 考 文 献

［1］徐海燕，郭晨东．呼叫中心管理手册［M］．北京：经济管理出版社，2010．

［2］赵溪，罗隽，宋依锋．呼叫中心运营与管理［M］．北京：清华大学出版社，2010．

［3］赵溪．客户服务导论与呼叫中心实务［M］．北京：清华大学出版社，2009．

［4］杨红兵．呼叫中心人力资源管理［M］．成都：成都时代出版社，2011．

［5］李文香．361°水晶管理［M］．北京：华艺出版社，2010．

［6］郭东梅，彭光江．呼叫中心管理［M］．北京：中国农业出版社，2014．

［7］葛舜卿．呼叫中心设计与规划［M］．北京：清华大学出版社，2015．

［8］许乃威．59秒管理［M］．成都：成都时代出版社，2011．

［9］周逸松．数据的魔力：基于数据分析的呼叫中心流程改善［M］．成都：成都时代出版社，2013．

［10］曹明元．服务外包与呼叫中心概论［M］．北京：高等教育出版社，2015．